王欣婷

著

寻找童书的真生命

世界童书创作者访谈录

3

接力出版社
Publishing House

目　录

序言
享受用心谈话中的生命飘香 / 004

刘海栖
一直探索，只为写出好故事 / 001

周翔
创作者要体验到生活中的元气 / 033

唐亚明
三十七年，专注制作属于孩子的好故事 / 063

伊戈尔·奥列伊尼科夫
用画笔重塑经典 / 095

常立
我试图在各个方面去做尝试 / 125

戴芸
找到有价值和意义的创作 /163

李卓颖
用彩墨画演绎童趣 / 195

邹凡凡
用年轻的方式讲述古老以通往未来 / 221

陈振盼
好的科普书籍要有好故事 / 249

帕姆·穆尼奥兹·瑞恩
用作品激发孩子不断翻页的兴趣 / 283

伊曼纽尔·波朗科
给孩子的第一本书也要有审美取向 /313

序言

享受用心谈话中的生命飘香
阿甲

我在年轻时最早读到的一本文学访谈录是P.A.门多萨采访加西亚·马尔克斯的《番石榴飘香》，那时正痴迷于《百年孤独》的我很惊讶自己也会被这样的谈话实录迷倒，那种独特生命体验的"飘香"岂止绕梁三日，多年之后仍旧萦绕不绝。

确实有人认为"作品比作者更重要"，也常常会引用钱锺书曾经用来婉拒一位热心读者的调侃托词——"假如你吃个鸡蛋觉得味道不错，又何必认识那只下蛋的母鸡呢！"这么说其实也是颇有道理的，因为有的人只不过是抱着猎奇心理想要结识一下有名气的"母鸡"，对于创作者所提供的生命体验未必真的关心。所以，有个性的创作者往往厌恶此类无谓的打扰，比如莫里斯·桑达克在世时会拒绝大多数访谈约请，连伦纳德·S.马库斯这样的童书史学家也要抬出自己与前辈雷欧纳德·威斯伽德的熟络关系才有机会与桑达克进行深入访谈。但是，一旦有机缘与这些创作者开展高质量的谈话，从他们的作品出发，渐渐探入他们的真实生活，一窥其作品背后浑圆立体的精神世界，你可能会感受到很强烈的生命的激情，仿佛自己的生命也在不知不觉间被点燃。

读者捧到的这套《寻找童书的真生命——世界童书创作者访谈录》结集了王欣婷对世界各地多位童书创作者的访谈。2018年起，欣婷开始采访作品入选"爱阅童书100"书目的创作者。作为"爱阅童书100"书目的资深评委，我了解这是欣婷与他们深入对谈的机缘。但是，作为踏入童书世界二十多年的研究者，我深知真的要着手与这些受访者对谈非常不易，他们大多已在自己擅长的领域获得了极大的成功，有的还获得过世界顶级大奖（如阿斯特丽德·林格伦纪念奖、国际安徒生奖等），这意味着他们通常都特别忙，能约到他们就已经很不容易。更何况面对国外创作者时，还要直接用外语与他们进行深入对话，这对采访者的综合能力要求非常高。除了语言能力，采访者还需要对受访者的整体创作有较深的了解，这样的研究性功课不但要投入大量的时间和精力，还得投入真正的热情。文学评论家、儿童文学理论家刘绪源先生说过，上乘的文学作品是有"质感"的，这种质感由那些"编不出来"的部分组成，它源自作者生命中的积累、发现和感悟，这样的文学作品是有"真生命"的。而欣婷也在这一次次的采访中，了解了童书"真生命"的源头。她的采访本身也是有"真生命"的，她通过细致全面地了解受访对象，真诚又一针见血地发问，客观地记录，走进受访者的内心世界，为读者呈现一个个有血有肉的个体，这也是用"真生命"命名这套访谈录的深层次原因。

　　如此优质的创作者访谈录，无论对童书读者和发烧友来说，还是对研究者来说，都是相当珍贵的。如对陈振盼、帕姆·穆尼奥兹·瑞恩和伊曼纽尔·波朗科等创作者的访谈，即使在英文世界里也很难找到比这套书中更为详尽的。由于"爱阅童书100"书

序言 享受用心谈话中的生命飘香

目选书的多样性，这套访谈录在涉及的内容方面也显得相当多样，混有中外创作者，多种文类（图画书、小说、非虚构类作品）的创作者，更兼有创作者与出版人视角的谈话，一定程度上呈现了世界童书创作与出版的立体样貌。

我曾经带队翻译过马库斯先生编著的图画书插画家访谈集《图画书为什么重要》，在中文版出版前，我去纽约专程拜访了马库斯先生，主要就该访谈集的编创工作展开了专题访谈。有些人可能认为访谈这件事很简单，只需要设计好一些问题，然后让受访者自己说，用录音笔录下来，最后交给听写软件或请人转写成文字稿，不就搞定了吗？真实的情况完全不是这么回事。前期的大量准备与基础问题的设置肯定是需要的，但真正的谈话往往不会严格按照预定的提纲进行，尤其是个性"爆棚"的创作者，要么因为兴致不高而不愿展开来聊，要么因为兴之所至而高谈阔论地"跑题"，而真实谈话中最耀眼的火花往往在不期而遇的惊喜之处迸发出来。所以一位特别好的采访者也必然是一位特别好的谈话对手，既要"点燃"受访者，同时也能将谈话大体控制在计划的轨道上。而在整理谈话录音的过程中，采访者还需要反复回放，耐心求证，转写成文字稿时更需要一定程度的编辑、修改，将口语化的文字、逻辑跳跃的说法变成可读性强、条理清晰、更为书面化的语言。

除了采访马库斯先生，我还采访过国内的多位插画家，正因为如此，我可能比一般人更理解欣婷在整理这类访谈录时所做的艰辛而卓越的努力。2022年4月，我很荣幸地成为欣婷的采访对象，作为受访者，我能感受到她在访谈之前下的功夫之深，访谈过程中所特有的真诚与热情（我们不知不觉聊了三个半小时！），还有访谈之后文字稿整理的超级高效。这有赖于她的年轻与热诚，也有赖于她长期自觉的语言与文学训练。

阅读此类访谈录，读者当然会主要关注受访者，他们的人生经历、创作心路与许多成功作品背后的深层思考，这些显然是访谈录的核心价值所在。但换个角度来看，它们也是一次次机缘巧合下用心谈话的忠实记录，谈话双方都做出了宝贵的贡献，换个

序言　享受用心谈话中的生命飘香

时机和场合，换个谈话对象，未必能激发出那么多有趣的话题。

我觉得能拥有《寻找童书的真生命——世界童书创作者访谈录》这样优秀的访谈录，的确要特别感谢有王欣婷这样独特的生命存在，她带着孩童般的好奇心和无比充沛的热忱向童书界的各位前辈问道、取经，而面对如此年轻、清澈的生命，他们完全无法拒绝，忍不住热情饱满地回应，于是便留下了那么多激荡的火花。我也期待欣婷的采访可以持续五年、十年，甚至更长的时间，将她的"真生命"之光与童书的"真生命"之光遥相映照，描绘出不同时期儿童文学创作者的不同面貌，绘制出变化的图景，为这个时代记录下童书发展的绚烂主题。

读有趣的童书，读童书人的有趣谈话，都会让你觉得——

活着，真好！

写于2022年12月17日　北京

009

刘海栖

一直探索,只为写出好故事

刘海栖

寻找童书的真生命

"是那年夏天的事情。"刘海栖在《有鸽子的夏天》的开头这样写道。那是五十多年前的一个夏天,刘海栖还是十二三岁的男孩。他住在济南的五里沟旁,因为"文革"不上学了,出门就是一街孩子一起玩。那时候的孩子喜欢养鸽子,尽管只买得起几毛钱一只的普通鸽子。他们还喜欢玩杏核,一天到晚不着家,发了大水就兴奋地到河里捞菜。这些事情对现在的孩子来说或许有些陌生,而刘海栖至今对此记忆犹新。

刘海栖并不担心他的童年和现在的小读者之间会有距离,他专注于如何真正讲好一个故事,如何用准确、简单、干净的语言进行文学的写作。他一遍又一遍地修改和打磨语言,直到故事和文字浑然一体。他很认同张之路的一句话:"我的童年若写到心灵深处,便也是你的童年。"在刘海栖看来,给读者一定的陌生感和一些想象的空间，这并不是坏事。《有鸽子的夏天》连获童书大奖，或许也是这种观点的印证。

在创作《有鸽子的夏天》之前，刘海栖已有近三十年没有写过小说了，童话的创作也是 2010 年 10 月 19 日才恢复的。因为临近生日，刘海栖对这一天记得特别清楚。那时，他正好调到山东省作家协会工作，工作强度降低，才有时间拾起搁置二十多年的文学创作。他对童话创作一向有信心，因此就从这里开始，不到十年的时间，便有十几部童话作品出版。刘海栖用真实的生活经验、独特的想象力、特有的"刘氏幽默"，创作出让人忍俊不禁又回味悠长的童话。

在刘海栖重新开始创作之前的三十多年里，他的第一身份一直是出版人。自 1976 年退伍进入出版社做少儿读物以来，他再也没有离开过童书出版行业，没有离开过明天出版社。作为总编辑和社长，早在 20 世纪 90 年代，他就主导引进了安东尼·布朗、罗尔德·达尔、埃里希·凯斯特纳、托芙·扬松等一批世界著名作家的经典作品，虽然这些作品在当时并不容易销售，但是刘海栖认准了它们的价值，一定要先把版权买下来。

"做童书不要贪图眼前利益，要前人栽树，后人乘凉。"刘海栖在采访中多次这么说。2009 年，刘海栖离开明天出版社，调入山东省作家协会。那时候，图画书刚开始在中国大陆被更多的人所熟知，那些引进的经典儿童文学作品逐渐有了销量，越来越多的本土作家也愿意投入到童书的创作中来。刘海栖离开了明天出版社，但正如他所遵循的理念那样，他为明天出版社留下了大树般的财富，这棵"大树"也会使童书出版的"森林"林深叶茂、万木争荣。

今年六十六岁的刘海栖仍不知疲倦。和他对话,听到最多的是"继续探索""还要修改",他要趁着仍有精力,在不停的探索和修改中,创作出对得起自己的作品。

《有鸽子的夏天》，用准确的语言讲述童年故事

我觉得男孩子还是要有一点儿血性，
要有阳刚之气。

爱阅公益：《有鸽子的夏天》是你近些年来创作的第一本现实题材的小说，在这之前，没想过写这类作品吗？

刘海栖：实际上，我的写作可以分两个阶段。在20世纪80年代后期，我有一段写作的经历，写了几部长篇作品，其中有童话，也有小说。小说也是写童年的，因为我对童年的记忆比较深刻。

后来我在明天出版社工作，不想牵扯额外的事情影响本职工作，写作的事情就放下了。这一放就是二十多年，直到2009年我被调到山东省作家协会工作。离开明天出版社后，我的身体不是很好，休息了几个月。我记得很清楚，2010年10月19日，我写下了恢复创作后的第一个字。作家协会的工作强度相对没那么高，也有写作的

注：全文中《有鸽子的夏天》（刘海栖著）的图片来源于山东教育出版社。

氛围，就又激发了我写作的欲望。

再次写作是从童话开始的，因为我自己读的童话比较多，想象力也比较丰富。童话写着写着，又勾起了我写小说的念头。我觉得我的童年经历还有很多故事可以讲，光靠童话不足以表达对语言和生活细节的观照，而小说是更好的表达方式。为了能够更好地表达自己的想法和愿望，我在体裁上做了更多的选择。

然后，我就写了《有鸽子的夏天》。写作过程有一些曲折，我边琢磨边阅读边写，很多好朋友给了我很大帮助，我特别感谢他们。从现在的反响来看，这本书还是不错的。

爱阅公益：你刚才说，在20世纪80年代后期，你的小说也有写童年的。那些小说和《有鸽子的夏天》有什么不同吗？

刘海栖：现在有一句话叫"悔其少作"，就是说看了自己早期的作品有些脸红。当然，那些作品有那个时代的背景和印记，这是无法摆脱的，不必懊悔。但是那时候我对小说和童话的理解并不像现在这么明晰、深刻和准确。

那时候改革开放刚刚开始，很多东西大家都还在尝试和摸索，儿童文学也远不像现在这么火热和繁荣。我1976年进的出版社，就是明天出版社的前身，专门做少儿读物，亲历了国内儿童文学发展的全过程。

1976年"文革"还没有结束，我们编辑室一年也就出一两本书。那个时候还有个说法，全国的童书出版可以用几个"二"来表述：全国两家出版社（南边是上海的少年儿童出版社，北边是中国少年儿童出版社），一共两百多个编辑，二十多个活跃作家，一年出两百种左右的书籍,这大概是当时整个童书出版的情况。

儿童文学从 20 世纪 80 年代初期逐渐繁荣,不同的作者进行了各种探索,我也是在那个时候做了一些写作的尝试,很多东西都不成熟。那时,我的创作更多是借鉴成人文学,但它毕竟和儿童文学有距离。

所以说,我现在的写作和那时候虽然有一些衔接,但是没有特别紧密的联系了,更多的是重新开始。

爱阅公益: 可以这么理解吗,你觉得自己早年的作品不成熟,主要原因是缺乏对儿童文学的理解和相关写作经验?

刘海栖: 是对读者定位的认知不够清晰。我自己对小读者心思的揣摩,对故事的把握,写出经久不衰的好故事的能力,都没有上升到一定的高度。很多东西还只是凭感觉做的。

爱阅公益: 你刚才说写《有鸽子的夏天》时,过程比较曲折,朋友们也给了你一些意见和帮助。这个过程中有哪些曲折,朋友们又给了你哪些帮助?

刘海栖: 这就很难一一列举了。我现在在作家协会工作,之前也做了很多年的出版工作,朋友比较多。比如方卫平先生,他对我的整个写作都给予了极大的帮助,早在 20 世纪 80 年代,我刚开始写作的时候,他就给过我不少指导,提出批评和建议。我再次开始写作后,他给了我更多的帮助,给我开书目,跟我谈儿童文学的理论问题,谈语言,谈结构,特别是跟我探讨作品中的价值观和儿童本位以及情感表达等问题,使我对儿童文学的写作有了更明晰的认识。具体到《有鸽子的夏天》也是如此。他是我的领路人之一。

另一位对我帮助很大的是山东作协的张炜先生。我们很早就熟识了，是好朋友，他创作早期就写过儿童文学作品。我在明天出版社工作时，他就给我们的刊物写稿。后来，他把几百万字的少年之作毁弃前，挑了一些作品给我，我们给他出过一本书，叫《他的琴》，也是很棒的儿童文学作品。

我到作协以后，我们俩在一个单位了，聊得就更多了，他给了我很多具体的指导。最重要的是，他告诉我，儿童文学也是文学。在创作过程中，我总是每写完一稿就发给他和方卫平先生，他们总是一遍又一遍不厌其烦地提出意见和建议，这是我写作生涯的幸事。

这个时期，张之路老师写了《吉祥时光》，汤素兰老师写了《阿莲》，都是写童年回忆的小说，把我的兴趣也勾起来了。我们不断地交谈，我喜欢倾听，喜欢学习，谦卑是一个初学写作者的美德，只有好处没有坏处。所以，我后来说，这些朋友对我的帮助和启发很大。

爱阅公益：童年有那么多回忆，为什么最先选了鸽子的主题？是因为印象最深吗？

刘海栖：没错，我非常喜欢鸽子，小时候自己养过鸽子。书中所写都是我的亲身经历。那时候，生活很困难，有只鸽子并不容易，所以围绕鸽子发生了很多惊心动魄的故事。

书里其他的故事，比如弹杏核，全都是我们小时候玩的。那时候刚好"文革"，不用上学，我们玩得那是昏天黑地，从不着急回家。

所以我就写了这么一个主题，用它来演绎这些故事。故事里面那些送煤的、卖肉的、做木匠的，也都是我周围真实的人。

爱阅公益：那时候很多人都养鸽子吗？

刘海栖：对，有不少养鸽子的，我们周围街坊就有很多人养鸽子。

爱阅公益：鸽子会认人吗？

刘海栖：鸽子不认人，它认家，认识自己的巢穴。一般在家养鸽子，你一定要弄个小箱子或者小盒子。我们一般是用三合板做一个盒子，当作鸽子的家。它自己会叼一些草、木棍之类的东西，放在盒子里头，做成一个舒适的窝，在里面下蛋，然后再孵出小鸽子。鸽子每天自己飞出去，自己飞回来。

但这也要有个过程。在窝里生的小鸽子很好训练，它很容易就自己飞回来了。如果是买回来的大鸽子，得先把它翅膀上的翎子剪掉，或者用胶布把翅膀翎子扎起来，这样它就不能飞了。养一段时间，鸽子才会慢慢认识自己的家。

鸽子的认家能力也有区别。信鸽很认家，但我们买不起，只能买一两块钱或几毛钱一只的普通鸽子。这种鸽子好养，但它不像信鸽那样会认家，它容易丢。

我们街上有好多养鸽子的，有人养了很多，鸽子每天都在天上聚集，一起转圈，那些散养的鸽子也跟着它们飞，飞着飞着就不回来了，飞到别人家里了。有的好心人会还给你，有的人却把鸽子藏起来，好的鸽子就留下来，不好的就把它杀了吃。这也是为什么我书里有丢鸽子的情节。

眼珠滴溜溜地打量着我，好像在对新主人期盼着什么。

　　我拿着鸽子撒腿就跑。

　　跑出去好远，又停下来。

　　我转过身去。

　　我看见赵理跋朝我摆摆手。他套上地排车的绳套，往手上吐了两口口水，按住车把，用力一撑，把地排车压下来。他拉起装满蜂窝煤的地排车，慢慢地走了。

　　我突然想到一个问题，赵理跋是怎么知道我想要鸽子的呢？

　　我仔细想了一下，觉得可能是这么回事。赵理跋老来山水沟街送蜂窝煤，时常路过二米家，他总见我们聚在那里看二米的鸽子，知道我们都喜欢鸽子。有一次，赵理跋给我家送蜂窝煤，卸完煤后，我妈照例请他到家里坐坐歇口气，喝点

插画选自《有鸽子的夏天》

爱阅公益：这本书里的山水沟街，在现实生活中是哪里？

刘海栖：是济南的一个地方，叫五里沟。济南的地势南边高，是山，北边低，是黄河。一下雨，山上的水就流下来了。济南不是叫泉城嘛，它有泉水就是因为南边的地势高，山上聚集了很多水，慢慢地就往北边低洼的地方流。南部山区广泛分布的石灰岩具有可溶性，受降雨和水流侵蚀，形成溶孔、溶洞等岩溶通道，岩溶水沿着通道向北流至市区一带，受不透水的岩浆岩阻挡，在较大的水头压力下，通过灰岩天窗涌出地表，形成了泉水。

　　五里沟在济南市的北边，一下大雨，南边的水哗哗地就来了。小时候，一下大雨我们就很高兴，到街上玩水去，小孩儿可以在积水多的低洼马路上游泳。我们旁边就是一个菜场，菜运来后就堆在地上，一下大雨来不及收，那些萝卜、西红柿、辣椒、茄子全被冲散了，我们就到水里去捞菜。

五里沟靠着铁路的货场,铁路运来的货物都先卸在那里,再由运输工人运到各地。搬运工人从解放以前就在这里聚集,后来就形成了这么一片住宅。我住在五里沟旁边,但是在五里沟上学,所以都跟那里的孩子一块儿玩。

五里沟好多孩子的家庭都很贫困,家里孩子多,房屋非常狭窄。所以,在这样的地方发生了这么些好玩儿的、有些平民化的,甚至像农村生活的故事。

> 不过二米没有叫二老扁钻他的裤裆,他踹了二老扁一脚,叫我们搬着煤饼子跟他走了。
>
> 可是回到家,二米一跟他妈说这事,他妈立刻把眉毛竖起来,厉声叫二米把煤饼子再送回二老扁家。我们只好又嘿哟嘿哟把煤饼子搬回去。
>
> 二米他妈还叫二米顺便捎了两个窝头给二老扁和三扁。
>
> 一下雨二老扁也往街上跑,但他不像我们是为了玩。他和弟弟三扁每次出动,一人手里都提个篮子。弟兄俩在洪水里和我们比赛,大家你追我赶,都想抢到前头去,谁抢到前头当然就能抢到最好的菜。
>
> 我们是边吃边抢,而他们兄弟是光抢不吃,所以他们很容易地就把两个篮子装满啦!
>
> 这可为二老扁他妈省了不少菜钱。
>
> 又下雨发洪水了,二老扁还是和我们你追我

插画选自《有鸽子的夏天》

爱阅公益:在你的书里也读到了这一点,比如二米家就特别狭小。

刘海栖:那些孩子的家庭条件一般都很差。一个床上睡七个孩子,上面躺着一排人,露出小小的脑袋,头发都是爸爸拿剪子剪的,一道一道、一绺一绺的,猛一看像西瓜一样。床下面养着鸽子,就这么个样子。

爱阅公益： 你写的这段时间大概是你多大的时候？

刘海栖： 大概是十二三岁。

爱阅公益： 从个人童年的回溯到一部文学作品，这中间经历了什么？你在创作中有哪些思考？

刘海栖： 我主要想表现男孩子的阳刚之气。我笔下的人物大部分都是男孩子，因为那个时候男孩子跟男孩子玩，女孩子跟女孩子玩，男女生之间都不说话。

虽然那时候大家都很贫困，有时会有各种小别扭，但是我们男孩子之间很讲义气，我们也很勇敢，不怕事。当然我们也会惹事，但是街坊之间都很融洽，互相帮助。我们有自己的小王国，如果外面的孩子来欺负这里的孩子，我们就会一拥而上。

我觉得现在很多孩子缺乏一种血性的东西，很多时候就是各自在家里闷着，你别碰我，我也不碰你，也没有什么太多的交流和交往，人和人之间显得很淡漠。

我觉得男孩子还是要有一点儿血性，要有阳刚之气。阳刚之气不是欺负别人，而是保护自己，然后保护别人。我觉得我们现在很多时候谈胜利多，谈勇气少，但实际上勇气比胜利更重要。人要拥有勇气，要敢于面对失败，哪怕遍体鳞伤，也要做他看准的事情。

爱阅公益： 就好像故事的最后，"我"去找郭一刀要鸽子？

刘海栖： 对，那个卖肉的郭一刀是当地一霸，他拿了"我"的鸽子。"我"明知道肯定拿不回鸽子，但是也一定不能缩头。"我"一定要去"抢"一下。

郭一刀也是那个时候一类人的写照，他其实也不是特别坏，最后还把鸽子还了，他也讲义气。我欣赏这种有胆识、有勇气的人。

爱阅公益：你担心过现在的孩子对以前的事情不感兴趣吗？

刘海栖：我没有特别考虑现在的孩子对什么感兴趣，或者我要写成什么形式才能使现在的孩子更感兴趣。要说一点儿也不考虑，那肯定是不行的，但我的作品不完全是写给别人看的，我更想写我自己，想写我的那段经历，想写我们那时候的那些人。

张之路在《吉祥时光》里说："我的童年若写到心灵深处，便也是你的童年。"我很认同这句话，有些东西它是共通的。

儿童文学的好玩儿之处和难点就在这个地方，即你应该怎样对待你的读者。有的时候有一点儿陌生感也不是坏事，当然，首先这个作品一定要写得好，写得吸引人。我觉得给读者一点儿陌生感，一些想象的空间，让他们去琢磨，可能更好。

爱阅公益：这本书的开头是："是那年夏天的事情。那时我们不怎么上学，有的是时间玩。有段时间我特别喜欢鸽子。"这个开头我很喜欢，也能看出整本书语言的基调。能跟我们聊聊这方面的思考吗？

刘海栖：为了明确书里的语言风格，我找了很长时间的感觉。儿童文学首先是文学，文学是语言的艺术，所以一定要讲究语言。如果不讲究语言，它一定不是好的儿童文学作品。因为这是近些年来我第一次写小说，所以我在这个问题上下了很大的功夫。20世纪80年代的时候，人们更多地接受了一些西方的东西，文学作品的语言有时候很古怪，翻译腔、文艺腔都有。《有鸽子的夏天》一定不能用那种语言，因为我写的是一群没上过多少学的城市孩子。

书写完后我发给了方卫平老师。有一天，他打来电话。很早以前，方卫平老师就与我相熟，我们是好朋友，但他一直有自己的原则，不会随意夸奖别人。我曾经说过，我暗下决心，一定要写一本得到方卫平老师称赞的东西。那次电话里，方卫平老师跟我说，他刚看了三四百字，就对赵霞老师说，海栖写了个好东西。赵霞老师也看了几百字，她同意方老师的观点。一开头的语言就把他们抓住了。不过方卫平老师要求很高，不断地给我提建议和要求。有一天，我在马路上走着，接到了他的电话，我就站在十字路口，跟他打了一个多小时的电话，谈这部作品的修改。

张炜先生也不断地叮嘱我语言的重要性。强化我对语言重要性的意识，这对我的创作至关重要。我在创作中一遍一遍地打磨语言，我最下功夫的就是语言方面。于是我有了一点儿收获。

刚开始，《有鸽子的夏天》四万字就完成了。有位有经验的编辑朋友看了以后，跟我说故事很好，但是有一条要记住：小说是文学，文学需要细节，细节要饱满。我又知道了细节的重要。于是我充实细节，把作品增加到了六万多字，形成现在这个样子。

我很感谢这些朋友，是他们一点儿一点儿引导着我往前走，引导着我去探索如何让故事和语言成为有机的整体。

爱阅公益：如果让你形容你作品的语言，或者你追求的语言，你会怎么形容？

刘海栖：简单、干净、准确。如果过多地描写和使用形容词，就会造成文字和故事的脱节。我们那时候上学的人很少，书中的人物基本上只有小学生的知识水平，而且还不是好学生，就不适合用花里胡哨的语言。我希望用直白但准确的语言来描述。

爱阅公益：我看你说你不喜欢"好词好句"。

刘海栖：可能是因为做不到，所以这么说。因为我的文化程度有限，小时候上学少，语文基础不扎实，好词好句记得不多，用不上。而且我写的都是我的童年，乡村有很多自然的景色可以去描写和抒情，但城市不像乡村，城市的底层就是狭窄拥挤的街道、破烂的家具，人群熙攘，下雨天到处是积水，这不是一个可以用很美妙的形容词来描述的状态。

爱阅公益：所以你还是结合具体要表达的内容，看什么样的语言合适。

刘海栖：没错，我觉得语言最主要的就是准确。有作家说，价值观是从词汇开始，如果从句子开始就晚了，从段落开始就更晚了。我很赞同。比如我很少写"他高兴地说""他愤怒地说"，这是多余的。要能从他说的话里头直接判断出他究竟是高兴还是愤怒。

爱阅公益：这本书里有很多生动的人物。多人物线的故事好像是你很多作品的特点？

刘海栖：这个特点可以说是优点，也可以说是缺点。我自己还需要继续探索如何在人物少的情况下，推动故事的发展，因为这种方式的难度更高。厉害的作家可以在人物少，甚至只有一个人物的情况下，通过内动力推动故事的发展。成人文学比较容易做到这一点，对于孩子来讲可能就比较难了，但我也在探索。处理多人物的情况，也需要很好地梳理人物之间的关系。

我写多人物的故事可能还跟自身经历有关。我的童年就是很多孩子在一起玩,在家里也和哥哥弟弟在一起,晚上睡觉还要和哥哥弟弟睡一张床,自己独处的时间很少。我们出门就是一街的孩子,所以我很容易在这方面编织故事。

爱阅公益:《有鸽子的夏天》出版后反响还是很好的,也得了很多奖。你自己给这个作品打多少分?

刘海栖:哈哈哈,80多分。还要继续努力。

十六岁的小新兵

我觉得阳刚之气里头不光包括勇敢、不怕事，还有遵守规则、愿赌服输、不胡搅蛮缠。

爱阅公益：《有鸽子的夏天》出版后，你又写了《街上的马》，也是讲山水沟街的事情。这算是《有鸽子的夏天》的后续故事吗？

刘海栖：对，我写完《有鸽子的夏天》之后还有点儿意犹未尽，好多故事还在脑子里头转悠，我就把这些故事写下来了。在这之后我又写了《小兵雄赳赳》。虽然《小兵雄赳赳》出版得早，但它是我恢复写作后写的第三本书。

《小兵雄赳赳》写的是我在新兵连时的一段经历，它在题材上比较独特。在这本书里，我寻找的是一种士兵的语言，又是一种新的尝试。我对这本书的感觉还挺好的，这是我非常真挚的经历，和《有鸽子的夏天》与《街上的马》一样，都打80多分吧。80多分对于一个学习成绩不那么好的学生来说，是一个说得过去的分数，但

注：全文中《街上的马》(刘海栖著）的图片来源于时代出版传媒股份有限公司、安徽少年儿童出版社。

还有努力的空间。

爱阅公益：当兵的那段日子对你影响最深的是什么？

刘海栖：我当了五年多的兵，十六岁去的，不到二十二岁回来的。这段经历对我的影响确实很大，甚至刻骨铭心。你想想，一个十六岁就到了部队的孩子，要站岗，要训练，要和各种各样的人接触。这对那时候的我来说是一个全新的挑战。

我觉得小时候在五里沟的经历对我很有帮助。我不怕吃苦，能交上朋友，也有勇气，所以很适应这段生活。当然，我一开始也有点儿想家，但是很快就适应了。

爱阅公益：你为什么会想去当兵呢？

刘海栖：我是1970年底当的兵，到今年五十周年了。那个时候大家都有一种革命英雄主义气概，都羡慕解放军，都自发地要保卫祖国，而且我的父母也都当过兵。

爱阅公益：应征当兵的时候，被选上难吗？

刘海栖：有点儿难度，因为大家都想当兵。我当上兵是因为我画画好，招兵人员觉得能出黑板报也挺好的。

爱阅公益：当兵对你性格的塑造有哪些影响？

刘海栖：塑造了一个男子汉的性格，一个要强的性格，因为要吃

注：全文中《小兵雄赳赳》（刘海栖著）的图片来源于青岛出版社。

很多苦。当兵时部队驻地多是农村，所以我的很多农村生活经历都和当兵这段时间有关系。我们拉练就在农村，还要收麦子，收稻子，抗旱，把老乡家里的水缸打满水，等等。

北方的冬天很冷，半夜里，我一个人在站岗，耳边狂风呼呼吹。

我们拉练时一天要走几十里，有一次甚至走了一百多里。

在部队里要有英雄气概，要有集体意识，要服从上级，要大家一起合作……这些对一个男孩来说还是很重要的。我觉得阳刚之气里头不光包括勇敢、不怕事，还有遵守规则、愿赌服输、不胡搅蛮缠。

插画选自《小兵雄赳赳》

经常修改，一直探索，只为写出好故事

人变得有趣了，
幽默感在写作中自然而然就流露出来了。

爱阅公益： 从20世纪80年代末的写作，到2010年重拾写作，你都对创作童话很感兴趣。为什么？

刘海栖： 因为那时候我觉得童话比较好把握。我有想象力，对幽默也有自己独特的设计能力。我自己也读了很多童话。明天出版社本身就引进了罗尔德·达尔、埃里希·凯斯特纳、托芙·扬松、帕·林·特拉芙斯、克里斯蒂娜·涅斯特林格等作家的作品，我读了他们的作品，就开始写自己的童话。

爱阅公益： 你最早写的是"神奇的扁镇"系列吗？

刘海栖： 对，最早是叫"扁镇的秘密"，写得也不成熟，后来我改写成了"神奇的扁镇"。这个系列有三本，新出版的第二本的一大部分和第三本都是重写的，只留下了第一本的开头部分。

爱阅公益： 你觉得你之前的作品有哪些问题？

刘海栖： 还是自己的笔不听指挥，对于故事的把握达不到期望的水平。后来自己慢慢有所提高了，回过头来看有很多问题，就重新

写了。写作跟其他技艺一样，是需要不断训练的，熟能生巧。

爱阅公益：从 2010 年到现在，你已经写了不少童话。有哪一本是自己比较满意的？

刘海栖："豆子地里的童话"系列我还比较满意。当然这里头也有一些值得推敲的地方，我将来可能还会继续做一些调整。

爱阅公益：我发现你是一个特别喜欢修改的人。

刘海栖：对，我很愿意修改，因为修改的过程很有乐趣。我觉得稿子一定要修改。修改这个过程对我来说都成了目的了，为了修改而修改，始终舍不得放下，修改完了反而觉得很失落。我一个稿子都改七八遍。

我也不求别的，写得慢一点儿，多改一改，就想写一个成一个，写一个对自己有一个交代。

爱阅公益：你说过你的童话基本上都来源于自己的生活经验，都建立在真

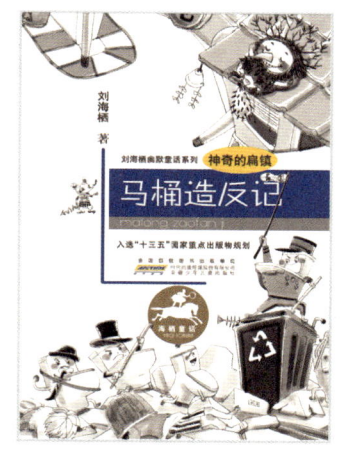

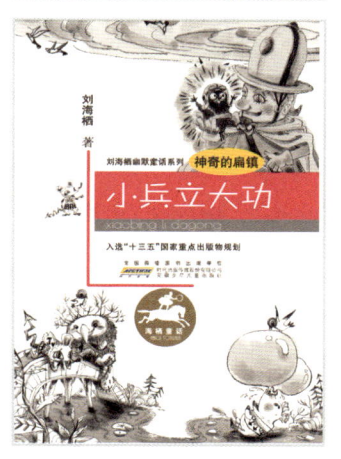

注：全文中"神奇的扁镇"系列（刘海栖著）的图片来源于时代出版传媒股份有限公司、安徽少年儿童出版社。

实的基础上，都能在现实中找到影子。该如何理解呢？能举一些具体的例子吗？你的创作灵感一般来自哪里？

刘海栖：比如说"豆子地里的童话"，我写的是农村，很多动物都是农村的动物，而且是只有农村才有的。井台上放盐，房梁上吊着鸡蛋，这些东西对我来说更容易把握，我更喜欢表现农村。

虽然我生在城市，长在城市，但我父亲出来当解放军之前是农村的，他老是说一些农村的事，我也回过几次老家。我当兵也在农村，一拉练就住在农村，所以我对农村印象深刻。

爱阅公益：再比如"神奇的扁镇"系列的灵感来自哪里？

刘海栖：那也是多重地方。比如里面提到的小广告，我看路上的电线杆上全是小广告，突然就想到干脆用这个来编个故事。小广告能遮住什么东西呢？只能遮住扁的东西。我就构思了这么一个扁的镇子，里面所有的东西都是用纸剪出来的。

写童话，想象力很重要。

爱阅公益：你从小想象力就特别丰富吗？

刘海栖：我觉得是。这个和阅读有关，那时候生活条件不好，但我读的书还是比较多的。我记得很小的时候，我就订了《儿童文学》《少年文艺》《红领巾》《小朋友》《中国少年报》，还买了很多书。后来大一些了，我就到处找书读，那时候书少，但我记得《红楼梦》《三国演义》都是小学的时候看的。

当兵以后我也找了很多书。我和图书管理员是老乡，有段时间我在他那里读了很多苏联小说，有《三个穿灰大衣的人》《远离莫斯科的地方》《日日夜夜》等等。我还读了一些杂志，有《收获》《人民文学》等等。儿童文学和童话我也读了一些，《强盗的女儿》《五彩路》《狐狸打猎人的故事》《大林和小林》都在读。

所以我觉得儿童阅读是很重要的。实际上我没上多少学，上到五年级，"文革"了。1968年我进了中学，但什么也没学到，1970年就去当兵了。1976年，我从部队回来，就进了出版社。我的上学经历就这么简单。

爱阅公益：你觉得好的童话应该具备哪些元素？

刘海栖：好故事。童话里头最重要的是故事。经典的故事并不是随随便便就能想出来的。现在我觉得童话非常难，反而写得少了。想一个绝妙无比的故事简直是太难了。随便写很容易，你可以上天

罗耀辉上班的衔造工厂非常小，可能是全世界最小的工厂吧，只有一间屋和一台小小的机器，生产"喜鹊牌"发卡。

插画选自《街上的马》

入地，放纵你的想象，但是这些东西最终要如何收拢成一个好故事，这就很考验功夫了。

爱阅公益：很多人提到你的童话里有一种"刘氏幽默"。你也说你是个有幽默感的人。你怎么看待幽默在你作品里的作用？

刘海栖：幽默的形成也需要一个过程。因为我和别人交流得多，人也变得有趣了。我觉得一个人，特别是一个男人，他应该做一个有趣的人。在出版社当领导也是如此，情商比智商重要。

人变得有趣了，幽默感在写作中自然而然就流露出来了。这种幽默不是刻意的，一定要憋出什么就是搞笑了，不是幽默。

爱阅公益：你童话作品里角色的名字也挺有意思的，既符合角色特性，又有幽默感。比如蚂蚁的首领叫乌泱泱，刺猬叫扎扎尖，公鸡叫黄爪子。

刘海栖：我现在觉得这还不是高级的幽默。高级的幽默让人越想越觉得有意思，在字面上表现出来的只是一部分。好的幽默要从内在形成整体性的东西。

爱阅公益：所以还在继续探索。

刘海栖：对，还需要继续探索。

三十三年的出版人

做童书不要贪图眼前利益，
要前人栽树，后人乘凉。

爱阅公益：我看你的个人介绍里说你是在武汉出生的，你小时候是在武汉长大的吗？

刘海栖：我父亲和母亲都是山东人，他们在广州结的婚，不久后调到了武汉，那时候已经怀了我。我还没出生，他们就把我的名字取好了，因为离家遥远，想用家乡的名字命名。父亲是海阳人，母亲是栖霞人，生个男孩叫刘海栖，生个女孩就用后边两个字，叫刘阳霞。

我出生后不久父亲就调到南昌去了，所以我并没有在武汉待多久。后来，我在南昌上了幼儿园，没多久父亲又调到南京去了，我在南京上的小学。然后，我父亲又回到了山东，到了济南，我又跟着过来了。

爱阅公益：南京你也有可以写的故事吗？

刘海栖：有好多故事可以写。本来我不想写童年了，想去写虚构作品。后来他们劝我，说我要继续写，因为我的东西太多了，我的记忆又主要围绕这个地方，所以我想我还要写下去。

爱阅公益：你童年这么多经历，除了《有鸽子的夏天》里写的，还有哪些你印象比较深的？

刘海栖：可能就是在南京上小学。在部队大院里是另一种生活，和五里沟完全不一样。我的童年有很多可以碰触的东西。

爱阅公益：你记忆力是不是特别好？

刘海栖：我觉得还可以，这一点我可能像我父亲。他九十三岁了，但对小时候的事情，包括家里动植物的名称等等都记得非常清楚。

我的记忆力还不错，所以我要趁我现在还行的时候，把这些东西都调动起来。小说最大的好处是它能满足我对细节的追求，小说要有毛茸茸的感觉。

爱阅公益：你退伍之后怎么就到了出版社？

刘海栖：因为我喜欢阅读，还没退伍的时候就联系好了出版社的工作。我自己写了一些东西，出版社看了觉得可以要，退伍后我就进了出版社。

我当时进的是山东人民出版社文艺编辑室的少儿组。我去了以后就编《山东红小兵》这个刊物，从那时候起就再也没有离开，做了三十三年的童书。

1976 年党中央粉碎了"四人帮"，开始拨乱反正。1979 年少儿组升格成了少儿读物编辑室。1984 年 4 月，以少儿读物编辑室为基础，成立了山东少年儿童出版社（次年，山东少年儿童出版社更名为明天出版社）。到了 10 月份，我当了总编辑。那一年我三十岁。

爱阅公益：在当时算是很年轻的了吧？

刘海栖：应该是吧，因为老社长对我很信任，很多事情都让我主持。明天出版社成立时，总共十六个人，上级给了十万块钱，允许我们第一年亏损三十万。后来我们十六个人努力经营奋斗了一年，1985年就挣了十八万，明天出版社从那时起就没有亏损过。

爱阅公益：能跟我们分享一下明天出版社这几十年来的发展吗？

刘海栖：现在回想起来，我发现很多事情都不是刻意为之的。跟着大势走，只要不走错路，不走弯路，不折腾，好好地经营，都差不了。

1991年，我第一次参加意大利博洛尼亚国际儿童书展（以下简称博洛尼亚书展），大开眼界。那时候咱们的书还很差，而且中国还没有加入《世界版权公约》，咱们也没有外汇。我看到这么多好书，很羡慕，一直在想什么时候咱们也能做到这个程度。

后来，我就安排了一个同志，叫他每年都去博洛尼亚书展和法兰克福书展，买不起图书版权也不要紧，但是要去。他每年都去两次。但其他员工不高兴了，因为出国是福利，大家觉得凭什么就他去，应该大家轮着去。我们顶住压力，说清楚道理，这件事情就坚持下来，后来慢慢有了收获。

爱阅公益：那为什么就叫他一个人去？

刘海栖：因为我知道谈版权不能老换人，换了人，对方可能就不认了。明天出版社现在积累的一大批优秀的引进版图书版权，很多都是那个时期谈下来的，现在依然是明天出版社的重要收入来源。更重要的是，我们为国内读者介绍了大量最优秀的世界性的经典童书。这也是我引以为傲的。

爱阅公益：这些都是20世纪90年代的事吗？

刘海栖：对，90年代后期。最开始，版权买回来了，书卖不出去，外国出版商也不把我们当回事，根本也没指望在我们这里收到什么钱。

那时候我还引进了很多百科童书。百科童书对于发行的要求不高，但对提高编辑能力很有作用，编辑们知道了什么是好书，应该怎么做好书。慢慢地，明天出版社成了"百科大王"，在业内也有了一些影响力。

真正起步是2000年以后，我们做原创儿童文学，郁雨君、伍美珍、商晓娜等等都是我们的作家。杨红樱是2006年过来的，出了"笑猫日记"系列。

另外一个值得一提的是，发现了英诺森提。那是2004年，我和负责版权的同志一起逛博洛尼亚书展，因为上一年，我们买了创意图书出版社的无字书版权，所以就来到了他们的展位。他们的人还没到，我就挨着翻看他们展位的书，翻着翻着就看到了英诺森提的《铁丝网上的小花》，原版的名字叫作《罗斯·布兰奇》。

我当时并不知道英诺森提是谁，甚至不知道那就是有名的《铁丝网上的小花》，但立马觉得这本书画得实在太棒了，很多细节处理得十分精妙，简直可以说是一丝不苟，国内很少见到用这种风格画插画的，而且题材也很好，是反战的。我立刻让负责版权的同志去谈，必须拿下来。我们当时并不太确定该怎么推广这本书，但不管怎么样，我就觉得这么好的东西一定要拿下。

这本书出版后，经过大家的努力，卖得越来越好，也进入了经典绘本的行列。后来，英诺森提获得国际安徒生奖，我也参加了颁奖会。我马上找到英诺森提，得到了英诺森提的全部作品版权。现在，他的作品全都在明天出版社出版。

再之后跟信谊图画书的合作也很重要。信谊当时在重新寻找合作伙伴。我去找了他们，跟信谊的执行长张杏如聊得很好，她当场拍板和我们合作，到现在合作十几年了。

2008年，就在我离开明天出版社的前一年，在济南开了一个绘本研讨会，大家当时对绘本都没有什么概念。在研讨会上，我跟曹文轩说，你写点儿绘本。他说不知道怎么写，我说我先给你寄一些绘本。然后我就给他寄了很多信谊的绘本。

到了当年8月份的北京图书节，曹文轩打电话让我赶快过去。他给了我八个故事，就是后来由《菊花娃娃》《马和马》《一条大鱼向东游》等作品组成的系列，这是曹文轩的第一批绘本。

2009年我就离开了明天出版社，正是做得风生水起的时候。离开后，我就大病了一场，掉了四十斤肉。

爱阅公益：你之前说，买的这些版权出版的图书都卖不出去，那是从什么时候开始，这些书被大家接受了？

刘海栖：大概就是在我离开的那段时间。现在大概一年就能卖六七千万的码洋。

爱阅公益：作为一名出版人，在工作上你会遵循哪些理念？

刘海栖：我觉得最重要的就是热爱。童书出版是值得尊敬和为此奉献一生的事业。在这里，只要喜欢，就会想方设法地做好。做童书不要贪图眼前利益，要前人栽树，后人乘凉，要舍得为后面做战略性的铺垫和投入。好东西总有一天会闪光。

爱阅公益：你如何决定是否出版一本书？

刘海栖：还是要靠感觉，一个事情做的时间长了，都会有感觉。一本书拿在手里，你觉得它有温度。英诺森提的作品就是这样的，拿在手里我就觉得是好东西。

爱阅公益：几十年的出版工作，对你的个人创作有哪些影响？

刘海栖：我一直把童书出版人看作是自己最重要的身份，我也非常热爱童书出版这份事业。从1984年到2009年，我和团队一起为明天出版社倾注了很多心血。我们这一代出版人，更多的是希望中国的图书能够整体地发展起来。

离开出版社之后，因为我对童书的热爱，便又开始了创作。创作跟我前面的这些工作都有联系，因为我的眼界开阔了，也交了很多作家朋友，他们给了我很多帮助，我随时向他们请教。

爱阅公益：你如何看待现在的中国童书出版行业？

刘海栖：中国童书现在发展得很好，有"黄金十年"之说，这是很多人共同努力的结果。这个好的发展势头我觉得还会持续下去。但是在热闹的时候，也要看到一些潜在的问题，那就是如何继续提高水准，如何能够达到世界顶级水平。我们虽然在不断进步，但是还是要承认，我们跟别人还是有差距。

现在被市场左右的东西太多了。全国五百多家出版社，几乎家家都出童书，因为这一块最有市场，畅销书作家的作品供不应求。一些新入行的作家，可能追求的就是畅销的模式。但创作不应该是这个样子的，它应该是个性化和独特的，它应该是文学的。作家应该沉下来，慢慢写，写出高水准、高质量的作品。这或许更多地要靠自我的约束和良心，去追求质量和高度。现在榜单也很多，它们应该更公正地去选择。方方面面，大家一起去努力，希望可以规范一些东西。

再一个，儿童文学很重要，但我们还需要给孩子更多方面的知识，比如艺术、历史、地理、科学等方面的知识。在这些方面，如果能有更多的突破，我想市场可能更加健康。

采访时间：2020 年 9 月 1 日

周翔

创作者要体验到生活中的元气

周翔

和周翔成为微信好友时,我正在骑自行车穿越美国。他说对我的经历很感兴趣,希望能多了解,或许可以做一本旅行书。三年后,我有机会采访了周翔。采访中,他又说起了我骑自行车的事。

"我想,你骑车旅行并不是很舒服的事情。但这是人的活动,疲劳、汗水、冷暖饥渴、日晒雨淋,让你对自然有了最亲密的体验,带来了丰富的情感和身体上的感受。"

如果要提炼这次对话的关键词,我想应该就是"感受"和"体验"了。在周翔看来,创作就是要把生活中的体验表达出来,这样画出来的东西才有声有色、有血有肉。如果没有对生活的热情和感受,就不可能画出感动人的作品。

周翔创作《一园青菜成了精》,因为他在这首童谣中,看到了"生活里火辣辣的力量，那种从土地里出来的、活生生的元气"。

他创作《耗子大爷在家吗？》，因为感受到了好玩儿、有趣、诙谐的民间趣味。

他创作《毛毛，回家喽！》，因为被温暖的父爱所打动。为了找到作者故事里的意味，他到小镇采风，真正感受到小女孩迷路时的惶恐和无助，才确定自己可以胜任绘画的工作。

他创立心绘美术馆，因为希望儿童能够在参与、体验和感受中与艺术建立多维度的审美连接。

周翔是国内最早接触和推广图画书的那批人中的一员。我曾想象，如今周翔创作起图画书，应该自如且得心应手了吧。但了解了他每一部作品的创作历程后，我发现他的每一次创作都是攀登新的山峰，都有全新的挑战。他最近出版的作品《毛毛，回家喽！》用了近三年的时间创作，依然经历了无数次的修改和尝试，草稿和正稿装满了一个大抽屉。周翔曾把创作比作西西弗斯推石头，每天将石头推上山顶，再看着它滚下来。

他害怕那种熟练到可以流程化生产的感觉。"我宁可人家讲我画得差，但是我真诚。我不希望我画得很圆滑，画成那种所谓很做作的美。"周翔说。

周翔的多部图画书作品已成为大人和孩子熟知的经典，不过他职业生涯的主要身份是编辑。20世纪末，当图画书在国内还几乎找不到市场的时候，作为《东方娃娃》创始人之一的周翔，就已经在寻找推动中国原创图画书发展的方式了。他选择一边引进外国的优秀作品、理念，举办各种讲座，一边等待和帮助国内作者成长。二十年后的今天，周翔的努力正在开花结果。

这次采访因疫情推迟数月，本想面访，最终由于一些原因，还是用了电话采访的方式完成。不过在此之前，因周翔担任《爱阅早期儿童阅读书目》的评委，我与他有过两面之缘。他戴一副圆形的黑框眼镜，小小的眼睛常常眯成一条线，说起话来让人觉得很亲切。

记得在评审期间，有一次吃完饭后，有人提出想看看周翔的画。周翔拿出平板电脑，屏幕上显示出来的画作和我所熟悉的充满童趣的图画书截然不同，几个写意的色块就勾画出生活中的场景。这些都是他的随手之作，但看得出来，他的色感极佳。其实，仅仅把周翔看作图画书画家并不准确，因为他的大部分创作都是图画书之外、专注个人表达的绘画。

第一次的采访结束后，因为需要补充一些问题，我又约周翔通了一次电话。通话那天，他正在医院等着做手术，他发了一张身穿病号服、头包纱布的照片给我。"标配凡·高。"周翔如此说，还配上了几个笑脸表情。

用儿童的大眼睛看到生活的本质

儿童与成人最大的不同，
就是他们的真诚。

爱阅公益：你是从什么时候开始接触图画书的？

周翔：大概是 1996 年。那时候东京有个日中儿童文学美术交流中心，松居直先生也是其中的一员。为了中日文化的交流，上海和江苏分别成立了中日儿童文学美术交流协会，我是江苏协会的会员。

在当年的交流中，许多日本著名的出版家、评论家、画家、文学家来到南京，比如松居直先生、前川康男先生、田畑精一先生、我的老师若山宪先生、歌山静子女士等等。他们对南京这座被日本军国主义加害过的城市怀有深深的忏悔，想尽自己的力量来弥补对南京人民的伤害。

他们在中国参观书店、书展。当时，大陆还没有真正给孩子看的图画书，他们希望从这个方面来支持和帮助我们进行图画书的创作。就这样，他们给我们讲什么是图画书，怎么做图画书，那个时候我们才开始了解图画书。

当时日本福音馆卖给大陆一套图画书，叫"科学之友"。那个时候图书销售人员对这套书并不理解,他们看到书里画的都是一些日常的现象,比如放屁、垃圾、拉㞎㞎等等,觉得这怎么能算科学知识,怎么能给孩子看呢?所以这套书并没有推广,而是放在出版社的仓库里。一个偶然的机会,我遇到了这套书,它成了我们学习图画书的样板。这套书让我们看到不一样的儿童观念,是我们为孩子做书的核心力量。

随着双方交流的深入,我自己也到东京进行了图画书之旅的访问,日本图画书前辈很热情地向我传授了创作图画书的经验。我遇到了许多现在国内读者都熟悉的老师,除了松居直先生,还有太田大八、鸟越信、角野荣子等名家。津田先生将他收集的从18世纪到当今的图画书都拿出来给我看。特别记得在离别的前一个晚上,这些前辈恨不得将自己做图画书的经验全部教授给我,他们说:"时间太短了,拜托周翔先生加油哇!"我一直记得他们的嘱托!

那时候,出版图画书确实还不太容易。虽然一接触到图画书,我就感到特别兴奋和幸福,但当时我根本做不起来图画书。观念、技巧都不行,阅读图画书的环境也没有,给营销同事看了图画书,他们觉得纸面上只有几个字,还这么贵,没有人会买。

但图画书的种子大概就是那个时候慢慢种下了。

爱阅公益:你说和日本交流是1996年开始的,但我看网上的一些资料提到,你的《小猫和老虎》在1987年就获得了全国儿童美术邀请赛优秀作品奖。《小青虫的梦》是1994年出版的,还是我小时候我妈给我读的第一本图画书。

周翔：那两本书是我还没有真正了解图画书的时候做的嘛，当然也可以称之为图画书，图画书有多种多样的形式。但我认为好的图画书应该要更适合孩子阅读，或者说更接近孩子的本质，这些是我之前不了解的。

爱阅公益：对比之前已经完成的创作，你看到日本交流团介绍的图画书后，最大的感受和收获是什么？

周翔：我们还没有理解图画书时，无知者无畏。后来，我明白了图画书出版和创作的关键在于用儿童的眼光看世界，用儿童的眼光看到事物的本质，用儿童的眼光看到儿童能接受的好的艺术品。

爱阅公益：你看到的最大的不同，是观念上的不同，是以儿童为中心的创作？

周翔：从图画书的形式来看，图画书的艺术手法最接近现代艺术，因为现代艺术表达就是一种观念的创作。传统绘画是通过技法进行写实性的记录，这是经典，也是图画书可以借用的一种表达方式。但我们现在更需要用一种新的、看本质的观念来进行创作，看到生命的本来面目，用大眼睛去看到事物的本质，只有儿童的眼睛能够看清楚世界。

爱阅公益：大人可能已经遗忘了许多儿时的经验，再用儿童

注：全文中《小青虫的梦》（冰波文，周翔画）的图片由受访者提供。

的眼光看世界并不容易。你觉得我们怎么样才能真正地从儿童的视角看世界？你自己是否也需要刻意练习？

周翔：不能刻意去做事情，而是要真诚，要回归赤子之心。儿童与成人最大的不同，就是他们的真诚。成人离开真诚太久了，要靠很多伪装才能在社会中生存。儿童则不是，他们有一说一，有二说二。这种真诚，就是那双儿童看世界的"大眼睛"。我们作为创作者，要努力用儿童的大眼睛看到生活的本质，然后用图画书的方式表达出来。

插画选自《小青虫的梦》

爱阅公益：你觉得有什么方法能够帮助创作者用儿童的眼睛看世界？

周翔：这是没法儿去"帮助"的，得由心而发。好的创作并不是帮出来的，它可遇而不可求。每个人的经历都不一样，感受力、天赋都有高下之分，只有回到你的内心，老老实实地去寻找真正感动你的那个故事，不要去乱编，静待灵感或是运气的光顾，也许就能收获一个好作品。

爱阅公益：开始了解图画书的时候，你是在出版社做编辑吗？

周翔：是，我是出版社的美术编辑。

爱阅公益：后来你就从出版社去了《东方娃娃》杂志社？

周翔：对，1999年开始创办《东方娃娃》杂志。

爱阅公益：你算是创始人吗？

周翔：我是其中的一员。大家很希望做一本儿童真正喜欢的杂志。

爱阅公益：一开始有多少人一起创立这本杂志？

周翔：当时也就五个人，慢慢摸索着做。第一次的印数是八百本，是一小步一小步往上走的。

爱阅公益：《东方娃娃》是最早引进外国图画书、宣传图画书理念的阵地之一，能不能给我们介绍一下，你们是怎么做的？

周翔：第一，在编辑方面，学习用儿童的眼光去选故事。

第二，叙事方式一定要采用儿童能够理解的形式。那个时候，其他的刊物经常用一些名家名作，可是有些名家也不了解图画书，基本还是从成人教育的角度给孩子写东西，成人的面貌太重。这一点上，我们有所不同，尽量找新的作者来写故事，编辑和作者一起去探讨、学习怎么给孩子写故事。

第三，做栏目的时候，尽量按照图画书的结构来写一些有趣的、孩子摸得着的故事和科学知识，这样孩子就很容易读进去。

第四，许多事情要等待。饭烧急了，要不焦煳，要不夹生。我们选择先引进图画书学习，举办讲座和对谈，慢慢熏陶我们的作者和创作环境，慢慢地进步，等待作者对图画书创作概念有更深入的了解，自己懂了，做出来的作品也就接近孩子了。

这里非常感谢读者，是他们给了我们这么大的支持，信任我们，买我们的杂志养活我们，有了读者的支持，我们才能一步步往上走。

爱阅公益：你们的发行量是从什么时候变大，受到更多人的关注的？

周翔：发行量是杂志内容的副产品，我一直不注重发行量，我觉得最重要的是将事情做好，不要辜负读者对我们的信任。

爱阅公益：你们引进外国的图画书，是跟一般出版社一样，购买外国版权，然后在国内销售吗？

周翔：我们在引进版权方面很慎重。每个出版社都会因自己不同的出版目的引进版权。对我们来说：第一，是为我们的孩子选书；第二，选择与我们出版价值观一致的图画书；第三，所选的图画书要内容温暖，弘扬真善美。

国外图画书的历史比我们长，有许多好的经验，这些经验值得我们学习，能够启发我们创作出更好的原创图画书。当年松居直从国外引进图画书，他把图画书拆开，贴在墙上，一张一张、一本一本地去研究别人做图画书的方法，别人是怎么站在儿童的角度上创作的，以及为什么会这样讲故事。松居直开创了日本的图画书之路，这给我们很大的启发。我们引进图画书并不仅仅出于商业目的，而是为了学习，通过学习才能知道其中的规律，真正掌握了规律你才能种出好花来。

爱阅公益：最近几年，越来越多人关注原创图画书，但你是从二十年前就想着要做原创了。

周翔：我是出版者，为孩子出版好的图画书是我的责任。太着急，事情是做不好的。因此，当出版资源不丰富的时候，你硬做，只能出版一些青涩的书，把一个好选题做成夹生饭，还不如等一等。随着作者的进步、环境的变化，《东方娃娃》开始认真做原创图画书了。也许有一天，我们会给孩子一份好的成绩单。

爱阅公益：有哪些我们比较熟悉的原创图画书是《东方娃娃》制作的？

周翔：比如《老轮胎》《漏》《九色鹿》《大灰狼娶新娘》《轻轻推开那扇门》等等。

爱阅公益：作为《东方娃娃》曾经的主编，你肯定要编辑很多别人的作品，编辑工作中你最关注的地方有哪些？

周翔：我最关注的是故事的趣味性，我在替孩子选故事。这个故事孩子愿意看，感兴趣，我才会出版。我会努力避免成人化的语言和视角在杂志或者图画书里面出现。

爱阅公益：如果要总结《东方娃娃》最核心的编辑和出版理念，可以说是以孩子为中心吗？

周翔：以孩子为中心，以能够陪伴孩子成长的故事为中心。

爱阅公益：你觉得做一个好编辑的核心素养有哪些？

周翔：真诚与热情。真诚地给孩子选好的作品。了解孩子需要什么书，不自以为是，站在孩子的立场去爱他们。还要有敏锐的文学和艺术感觉。

体验活生生的元气

如果没有对生活的热情和感受,
不可能画出感动人的作品。

爱阅公益: 你一直是一边做编辑,一边自己创作的吗?

周翔: 我喜欢做编辑,因为能接触到很多有趣的、来自不同行业的、有才华的人,这样能让我在社会大学里上课。他们出现在我的生命旅途中,对我来说是一种幸福。

一个纯粹的艺术家或者图画书创作者,在某种程度上,不像编辑那样能更便利地接触多元文化。我喜欢这样的文化交流,不同文化的交流能让我呼吸到新鲜的文化氧气,不管是反馈到创作上,还是在工作中,都能够让我觉得每天都是新的。

爱阅公益: 当你特别有创作灵感的时候,会不会希望能够有更多时间进行创作?

周翔: 我做书做得比较慢,需要慢慢打磨作品,创作像是把铁杵磨成针的过程。经过淬火的钢才会更有用吧!

爱阅公益: 我看你在本职编辑工作以外,以个人身份创作的图画书其实不算特别多?

周翔: 对,我做得比较慢,否定的也比较多。

爱阅公益：一般让你决定去创作一本书的因素有哪些？

周翔：凭直觉，这个题材好像适合自己，自己也能够把它做好。不过真正做的时候，往往还是很辛苦，得把结构等各个方面搭建起来，不断完善，这些都是很花时间的。

爱阅公益：一本书大概要花多长时间创作？

周翔：好像时间都比较长。《荷花镇的早市》做了快十年，《一园青菜成了精》做了快三年，《耗子大爷在家吗？》也做了三年。

爱阅公益：《毛毛，回家喽！》呢？

周翔：《毛毛，回家喽！》也做了快三年。草稿和正稿装了一大抽屉，很大的那种抽屉。

爱阅公益：你是晚上回家后创作吗？

注：全文中《毛毛，回家喽！》（余丽琼文，周翔图）的图片来源于明天出版社。

周翔：一般是早上。我晚上睡得比较早，大概八九点就睡了。我早晨三四点钟起来工作，那个时候脑子比较清楚。然后就是周末的时间。

爱阅公益：《荷花镇的早市》算是你的第一本图画书吗？

周翔：是的，算是我真正意义上的第一本图画书。

插画选自《荷花镇的早市》

爱阅公益：我看介绍说这本书是"中国图画书的最美开端"，这有什么来源吗？

周翔：这句话是曹文轩老师对我的鼓励。他看了这本书后，蒲蒲兰问他能不能推荐一下，我记得他想了一个星期才想出这句话。

爱阅公益：这本书的创作缘起是什么？

周翔：1997年，在东京，我和日本白杨社的文纪子小姐在月台上等车，我记得她说想编一本反映中国人生活的图画书，展现中国的

注：全文中《荷花镇的早市》(周翔文/图)的图片来源于二十一世纪出版社。

菜市场、中国的四合院等等。寒风里，我说，我来画菜市场吧。这样一句唐突的话，让我开始做《荷花镇的早市》，熬到2006年才出版。

爱阅公益：中间这十年是一直在构思吗？

周翔：一直在想，一直在完善。因为没有图画书的经验，我和文纪子不断地讨论、采风、收集资料，甚至吵架，最后才把它完成，文纪子说这本书差点儿让她失业了。

爱阅公益：花了十年的时间，是有哪些地方一直不满意吗？

周翔：这十年间也不是说天天想，也会暂时搁置，过一段时间再拿出来看看。有时候觉得做不下去，完蛋了，有时候决定继续往下走。文纪子为这本书吃尽了苦头，她遇到了一个不上进的画家，哄着我往前走。我好无赖呀！真是辛苦她了！

图画书最难做的就是结构，当时我也没有经验，又懒又不用功，还自以为是。现在回想起来真是羞愧。当然现在我的觉悟提高了一些，如果再做《荷花镇的早市》，我觉得我会更认真地去做。那个时候也是我第一次自己编故事，真的不知道怎么编，特别难。

爱阅公益：后来是怎么找到突破口的？

周翔：也是在文纪子的帮助下找到的。她说你不要多想，让我从喜欢的场景开始画。因此我先画了戏台这个跨页，然后往两边画，渐渐引出故事，再一张一张连起来，梳理人物、环境和故事情节。

爱阅公益：我看故事背景是在江苏南通，也是你度过童年的地方。你画了很多童年时候的场景吗？

周翔：画了一些童年的回忆，有一些场景也是借鉴江南水乡的其他地方，比如苏州水乡等等。

爱阅公益：你在其他分享中说："我的创作从生活中来，并一直在向孩子们学习。"你自己的童年会给你很多创作的启发吗？

周翔：我当然非常向往我所说的这种状态，但我不是一个真正的童书画家。对一个天才型的创作者来说，最丰富的宝藏就是能够回到童年。但我回童年的道路上有重重阻隔，能不能回得去，就要看天意了。

爱阅公益：在绘画风格方面，《荷花镇的早市》是用水粉画的，我看跟你后面的不少作品都不太一样了。

周翔：图画书画家就像一个演员，演《荷花镇的早市》的时候，觉得水粉丰富的颜色能更好地表现水乡的环境、气氛和生活的意味。

《一园青菜成了精》的第一版我也用了水粉来画，但是失败了，因为水粉的味道和童谣的诗意不搭。《一园青菜成了精》是欢快、轻盈、调皮的，用简单的线条把童谣的稚趣表达出来。人物似乎能从线条中跳出来一般，它不沉重，它在流动。但是如果沿用《荷花镇的早市》的水粉画法，就会阻碍画面的流动。

《一园青菜成了精》出版后，我的朋友都觉得，你画得太差了，这任何人随手都能画，我当时被打击得蛮狠的。后来宋珮老师对这本书给予了非常高的评价，才安抚了我的不安。

爱阅公益：《一园青菜成了精》刚出版时有什么反响？有争议吗？

周翔：当时倒是没有争议，孩子和幼教老师的眼睛其实都很厉害。这本书我自己都没想到这么受欢迎，孩子喜欢得不得了。还有

幼教老师跟我说："我在你这本书里看到了孩子。"这句话让我觉得，啊，太好了。我终于当上了儿童。我是不经意地当上的，而不是做作地当上的。我不经意地把孩子在我的画里演出来了。如果让我再画一次，我画不出来，只能一次。《荷花镇的早市》让我再画，我还能画出来。但《一园青菜成了精》里的那种调皮，那种线条的流动，我只能画出来一次。

爱阅公益：当时为什么想把《一园青菜成了精》这个民间童谣改成图画书？

周翔：看到这个童谣，我一下子就看到了生活里火辣辣的力量，那种从土地里出来的、活生生的元气。这种元气让我很感动。创作就是把你所体验到的东西表达出来。这样画才能有声有色、有血有肉。如果没有对生活的热情和感受，不可能画出感动人的作品。

爱阅公益：你在读《一园青菜成了精》这首童谣的时候，是一下子就调动起感官上的感受吗？

周翔：读这首童谣的时候，我感觉这些菜就是孩子呀，就像我们童年时的伙伴。小孩儿玩过家家，在街头巷口嬉戏，把院子和屋里弄得一塌糊涂，爸爸妈妈回来前，又赶紧收拾，但还是会留下破绽。这些气息一下子把我勾起来了。接下来只要用孩子的诚实的语言讲出来就行，但首先你要有这个感受。

注：全文中《一园青菜成了精》（编自北方童谣，周翔图）的图片来源于明天出版社。

插画选自《一园青菜成了精》

爱阅公益：图画书版本里的童谣文字在原版的基础上有所改动，这些都是你自己改的吗？

周翔：是的。原本的童谣虽然有我说的元气和生动韵律，但有些地方的孩子看不懂，或者带有一些成人的意味。今天我们将旧时的童谣带给当代的孩子时，要问问自己给孩子的理由，而且要以当代孩子的角度去选择，将中国文化精髓转换成当代孩子能吸收的营养。这是编辑和作者要去考虑的问题。把这个想通了，很多事情就会迎刃而解。

爱阅公益：不知道现在还有没有人在创作新的童谣呢？我感觉我知道的都是以前留下来的。

周翔：你提出了一个好问题。以前，无论民间故事还是童谣，都来自长辈们生活里的体验，用鲜活的语言说着好听的故事，唱着朗朗上口的童谣，这些都滋润着我们的童年。丰富的文化土壤使得想象力和创造力能够开花结果。但现代人被智能化之后，生命的活泼、元气似乎被智能吸走了，口口相传的讲故事的好时光离我们渐行渐远。

爱阅公益：之前听说你为了表现画面的拙趣，《一园青菜成了精》是用左手画的？

周翔：部分是用左手画的，因为我觉得右手画的线条太流畅了。所以说让我再画，我画不出来了。

爱阅公益：《一园青菜成了精》之后，你又创作了《耗子大爷在家吗？》，同样也是童谣改编的作品。

周翔：对，算是一个系列。

爱阅公益：后面怎么就没再创作童谣图画书了？

周翔：我又写了续集，叫《村外有个小池塘》，已经画好了。这是《一园青菜成了精》的封底图的延续，池塘里有一只鸭子被乌龟咬住，闹腾起来，池塘里的动物也成了精。这个故事一直在我心里，过

注：全文中《耗子大爷在家吗？》（编自北方童谣，周翔图）的图片来源于明天出版社。

了好多年，一天我想到它，就把它画了出来。

爱阅公益：《耗子大爷在家吗？》打动你的地方是什么？

周翔：是中国人特有的幽默，我想把它表达出来。

爱阅公益：这本书让我觉得很好奇的是，你怎么想着把其中一只小老鼠设计为电脑鼠标的"变身"？

周翔：我在做书的时候，总不甘心按正常的构思来做，如果顺着文字来做，好像是在嚼别人嚼过的口香糖。用自己的方式来诠释故事会有很大的风险，但这也是创作的魅力所在吧！

爱阅公益：《耗子大爷在家吗？》也很好地展现了图文的合奏，画面里表达了丰富的、文字没有说明的故事。

周翔：一本图画书如果只是顺着文字画，那叫插画。文字和图画应该是彼此交织的关系，这样读者看起来才会觉得有意思。不过图画的表达要抓住文字背后的东西，把文字不能反映的大空间创造出来。用图像方式呈现文字，让孩子通过画面进展看到更丰富的情节动感。

插画选自《耗子大爷在家吗？》

《毛毛，回家喽！》，制作一个温暖的蛋糕

我宁可人家讲我画得差，但是我真诚。

爱阅公益：这两本童谣之后，你主要就是跟余丽琼老师合作了《小美的记号》和《毛毛，回家喽！》吗？

周翔：是的，但其实我创作的作品很多，都没出版，在我柜子里还有五六本书呢。虽然朋友说这些书都不比市场上的书差，但是达不到我自己的要求，是不能拿出来的。世界上不缺书，但好书总是少的。何必去凑热闹呢？所以就放在那里等着吧。

爱阅公益：有没有其他作者请你为他们的作品画画？

周翔：会有，但是我可能比较懒，担心误了人家的好意，所以轻易不敢去接。

爱阅公益：《毛毛，回家喽！》是哪些地方比较打动你，让你愿意创作图画的部分？

周翔：故事里有一位特别温暖又细心的爸爸。这位父亲不仅带女儿认路，他还用温暖的父爱抚平了女儿受到惊吓的心灵。这样的深情让我感动。

为了这本书，我去余丽琼的家乡采风，小镇的安宁与朴素的民

插画选自《毛毛，回家喽！》

风让我喜欢。

另外，我们特地选了毛毛迷路的同一时间去体验迷路的感受。黄昏，空荡荡的巷子里只有一盏昏暗的路灯，微弱的亮光几乎被夜色吞没了，就像那个迷路的小女孩。我一下子感受到毛毛的惶恐和无助，理解到了这个故事背后的爱。

爱阅公益：所以你是先去采风，看看能不能找到感觉，如果能找到感觉，才会确定要不要画？

周翔：是这样子的。

爱阅公益：余丽琼老师的家乡是哪个城市？

周翔：安庆。一个非常好的城市，采风的时候也让我感受到了这个城市的人情味和朴素。

爱阅公益：你跟余丽琼老师在《东方娃娃》时也是搭档，她会经常写故事，让你看看能不能一起合作图画书吗？

周翔：在编辑工作上，我们一直有交流，但是我们不适合做创作的伙伴，因为关系太近，反而会在创作上模糊了对对方的要求。我们的合作止于这两本。有了距离，看对方的作品时，可能会更敏锐，会有新鲜的感觉。

爱阅公益：之前也在其他平台听了你的创作分享。我最深的感受是，虽然你已经积累了很多经验，但对待每一本书的创作，你都像攀登一座新的高峰，一稿又一稿地修改和调整。

周翔：每一本书的挑战是不一样的。创作不像做算术题，一加一永远等于二。这也是创作最迷人的地方，你不知道会怎么样，只能一直认认真真、老老实实地去做。同时也还需要一些灵感，但灵感有时候就是可遇而不可求的，它不来，勤学苦练一点儿用都没有。所以我觉得创作经验其实很难去分享。

爱阅公益：你会觉得画得多了，经验多了，就可以总结出一些规律或者方法，然后快速地产出吗？

周翔：我很害怕这种感觉，这样就变成机器操作了。我宁可人家讲我画得差，但是我真诚。我不希望我画得很圆滑，画成那种所谓很做作的美。

爱阅公益：这本书的绘画风格，你是怎么考虑的？

周翔：画《毛毛，回家喽！》的时候，我脑子里想的就是做一个温暖的蛋糕，用黄色调子的淡彩制作一本暖暖的书。

这个介于《荷花镇的早市》和《一园青菜成了精》之间。《荷花镇的早市》像交响乐，《一园青菜成了精》像小提琴，拉得非常欢快。《毛毛，回家喽！》类似中提琴，我觉得用这个方法来表达父爱和书中的情意比较恰当。

爱阅公益：关于风格的话题，我看你说过"刻意的风格是一种扭曲的审美，反倒是一种丑陋了"。

周翔：对，其实什么都不能刻意，自自然然地表达是最美的。我自己不会故意去做某个风格。不要装。

爱阅公益：你创作的低幼类的图画书我也很喜欢，比如说《你好，点点》，看似简单，但其实包含了很丰富的内容，对幼儿的成长特点和心理也有很深入的观察。想请你聊一聊低幼图画书的创作，在创作思考上和针对更高龄孩子的图画书有哪些不同？

周翔：低幼图画书在国外叫幼幼童书，指适合零至三岁孩子的图书。比起三至七岁孩子的图书，低幼图画书更关注认知的设计，零至三岁的孩子，特别是两岁之前的孩子，他们对复杂故事的理解能力还在形成中。

创作低幼图画书，要特别注意婴幼儿的心理，讲述的故事不能太复杂。我最佩服一本叫《喵》的图画书，它用游戏的翻页设计让孩子开心，认识动物，其简洁的手法是我们学习的楷模。

《东方娃娃》有婴儿刊物《东方宝宝》，有婴儿科学纸板书《卜卜》，很受妈妈群体的欢迎。当然我们做得比较慢，因为为零至三岁的孩子创作更难。

家长选书要注意品质，比如故事设计的趣味、颜色搭配、文学的用词用句都要注意。另外，绿色印刷安全认证也特别重要。

做走到大众中去的美术馆

审美教育比阅读更加紧迫。

爱阅公益：你是从小就喜欢画画吗？

周翔：孩子都喜欢画画，这是儿童发展的特点。成人对孩子画画这件事有严重的误解，将画画当成孩子的兴趣爱好去看待。孩子在成长过程中，涂鸦先于语言的发展，孩子要表达的情感都在涂鸦里，每一张画都是孩子情感的表达，如果家长去关心孩子的绘画，可以观察到孩子的情绪和心理活动。从颜色、线条、下笔的轻重都可以了解孩子说不出来，但能够表达出来的意思，就像儿科医生观察孩子的身体反应。可惜许多家长本末倒置，无视了孩子的表达。真正的画家是天生的，培养不出来的。不信，你给我培养一个董源、达·芬奇看看？孩子画画最先是表达，之后是通过欣赏作品提高眼界。学习欣赏是审美的最终目的。

爱阅公益：你觉得要如何培养审美？

周翔：这是一个很大的话题。现在的审美教育狭隘到只是教画画的技能，把成人美术学院的课程搬过来教孩子，很多美术机构都这样去教孩子，教素描、色彩等等。这样的技能教育并不能开启孩子审美的眼光。格式化的教育将孩子的眼睛都弄坏了。殊不知很多教画的人其实都不懂审美。

审美是个大的概念，只有从心灵出发，经过心灵洗礼的东西才是艺术品。艺术品之所以能够成为艺术品，在于它可以引起情感的反应，情感的反应需要审美的感官，这个感官不是天生的本能，它需要文化的修养。这个修养叫"趣味与鉴赏力"，这是我们审美的基础。基于这个方向，《东方娃娃》要做的不是教孩子画画，而是教孩子如何审美。

有了好的审美底子，我们的孩子以后无论做什么，都不会把一个城市、一条街道、一个公司、一个家的环境弄得很糟糕。现在国家提倡审美教育是一件非常好的事情。

爱阅公益：《东方娃娃》未来会做审美的课程吗？

周翔：不是课程。课程又会把审美变得模式化。阅读很多人在做，但审美还很少有人关注。其实审美教育比阅读更加紧迫，大家多多少少都会读书，但是我们的审美教育还处在一个初级阶段。

爱阅公益：你具体会做什么，能跟我们分享一下吗？

周翔：我们会请一批艺术家、幼教专家来设计活动。我们会设计一些艺术活动让孩子和老师做，比如摸摸树的质地，观察大自然的颜色，又或者让孩子听音乐，去美术馆欣赏绘画，等等。我不是培养画家，而是想通过让孩子参加艺术设计的活动，让孩子的眼睛看到、耳朵听到好的东西。

爱阅公益：你还创立了心绘美术馆，这是什么原因呢？

周翔：做心绘美术馆也和审美有关系。面向成人的美术馆很多，给孩子的美术馆还没有，心绘美术馆的展览主旨首先考虑儿童的参与性，展览的内容要在创意上给孩子启发，不只是简单地把画挂上去。

爱阅公益：心绘美术馆是面向儿童为主吗？

周翔：是的。当然也面向成人。

爱阅公益：展览是以图画书为主，还是什么都有？

周翔：什么都有。只要是大家能参与、有审美启发的活动都可以做。比如我们做过彭懿老师的摄影展览，但我们并不只是把照片挂在墙上，我们的同事会设计出有创意的方案，有影像，有装置，让孩子在里面穿梭，摆上帐篷让孩子进去坐一坐……让孩子去感受彭懿老师作为一个探险者所拥有的冒险精神，和他带给我们的对世界的全新视角和感受，让孩子看到好东西，这是我们要做的。

希望有更多人与我们一起点燃审美教育的火把，希望这样的展览不仅仅在城市举办，也能够走到乡村去，大家都能够分享美好的体验。

爱阅公益：嗯，平时我们除了和孩子一起阅读，也应该多维度地让孩子去体验和感受。

周翔：对的。

爱阅公益：我在别的文章里看到你说："做图画书要控制自己的物质欲。"为什么这么说？

周翔：我其实不记得什么时候讲过这样的话。我想我的意思是，做图画书不能让你发财，可能连温饱都解决不了，你要用其他工作赚的钱来支撑你的事业。当然，如果你有钱，好好享受物质带给你的快乐也没有问题呀。

爱阅公益：接下来还有什么作品要出版吗？

周翔：我也不知道。作为一个艺术家，我还一直在画很个人化的大幅画，图画书的创作让我学习到一种新的思考方式，一种看世界的方法。我更在意图画书的创作过程带给我的新的思考和观念。出版是副产品。

爱阅公益：你的大幅画会展览吗？哪里能看到？

周翔：还没有这个计划。朋友来看就很好了。展览要牵扯到很多的人际关系，这些不是我擅长的。

爱阅公益：不希望能有更多人看到吗？

周翔：希望啊！但是要看画的缘分吧！现在朋友们来我的画室，一边喝喝茶，一边看看我的画，等于也是一个小型展览。

爱阅公益：这些画就不是画给孩子的了吧？

周翔：是我自己想表达的东西，是我与自己的对话。欢迎你来工作室看我的画。

采访时间：2020 年 10 月 29 日

唐亚明

三十七年,专注制作属于孩子的好故事

唐亚明

寻找童书的真生命

  通过电话采访唐亚明时，他正在日本静冈县的居所小住。电话拨通后，没等访谈开始，唐亚明便问我要不要看看富士山，我当然说好。于是改为视频通话，他把镜头转向窗外，先是见到一汪湖水，倒映着岸边青绿的树丛。目光再向远眺——"能看到一个白色的小山尖吗？那就是富士山了。"唐亚明的居所在被称为"伊豆的瞳孔"的一碧湖，距离东京一百二十公里左右。从视频短短几秒的定格中，便能看出景色秀美、安静恬适。

  算起来，今年已是唐亚明在日本居住的第三十七个年头了。1983年8月，刚过三十岁生日的唐亚明从北京出发，只身一人来到东京，开始了他的人生新旅程。在此之前，他在中国音乐家协会工作，负责翻译日语歌曲。当年人们熟知的很多日语歌曲，都是由他翻译成中文的。

唐亚明去日本源于一次偶然的机会。1982年，因原定翻译生病请假，唐亚明临时担任了日本访华团的翻译工作。被称为"日本绘本之父"的松居直刚好也是访华团中的一员。松居直在离开北京的前一天，邀请唐亚明去日本做绘本。

虽然对绘本一无所知，但唐亚明并没有犹豫太久就答应了下来。"能够出国，看到一个未知世界，走一条未知道路，对年轻的我来说非常有吸引力。"在那之后，唐亚明在松居直创办的福音馆工作了整整三十五年，直到两年前以执行总编辑的身份正式退休。

这三十五年是中国发生翻天覆地变化的三十五年。近十几年来，绘本这种艺术形式也被越来越多的人熟知和喜爱。而松居直则是最早将绘本的种子播撒在中国大地上的人之一。从1985年开始，松居直每年都来中国演讲，宣传绘本的理念。那个总站在他身边，把日语翻译成中文的，就是唐亚明。虽然身在日本，但唐亚明一直心系祖国，希望中国的孩子也能读到优质的绘本。为此，他做了很多努力，比如，和松居直一起设立"小松树奖"，建议中国加入国际儿童读物联盟（IBBY），自己翻译并介绍引进外国优秀绘本，帮助中国作品走出国门，等等。

电话那头的唐亚明说起话来缓缓的，轻柔从容。可是讲到那些他希望传播的理念，或是他认为错误的观点时，在轻柔的语调中仍能听出他的情绪，能听得出他很在意，能听得出他希望影响更多人。

近些年来，唐亚明又把不少精力投入到了中国传统故事的改编上。生活在国外，他反而越发感受到了解本国文化传统，继承民族精神的重要性，他把这看作是儿童读物出版社和编辑的责任。唐亚明编辑出版的传统故事多半由他自己重新撰写文字，配上极具艺术水准的图画，经过精心的编排和设计，再呈现给当代的孩子。

除此之外，唐亚明的原创故事也陆续问世。身为编辑为别人做了一辈子"嫁衣"后，他发现自己也有很多东西想写。这些故事是唐亚明对自己绘本理念的践行，他相信童趣是绘本的生命，在他的作品里，也处处见童心、童趣。

入行三十七年，六十七岁的唐亚明依然在身体力行地推动着中国绘本的发展。

传承民族文化

我们希望孩子能看到真正的中国传统艺术。

爱阅公益：你退休以后还是长期住在日本吗？

唐亚明：对。疫情以前可以经常回国，但大多数时间还是住在日本。现在很方便了，工作都可以通过线上的形式完成，我教书也都是视频授课。

爱阅公益：你现在还在教书吗？

唐亚明：对，我在东洋大学和上智大学教书，原来一直在早稻田大学教书，但这几年没教了。在每个学校教授的课程不一样，有的教中国的出版，有的教翻译论，还有的教中国文化和对比文化，等等。

爱阅公益：近些年来，你改编创作了很多讲述中国传统故事的绘本。这背后的初衷是什么？

唐亚明：说起来话长。生活在国外，更能感觉到每个国家的孩子都有两种文化背景，一种是本国的，一种是世界通用的。在儿童的教育里，一方面要让儿童体会跨国文化的快乐；另一方面，每个国家都要发扬自己的文化传统，继承自己的民族精神。这也是儿童读物出版社和编辑的责任。

我看到你的问题，想到《哪吒闹海》这本书，实际上，这本书不是为中国做的。当时有一个"联合国教科文组织亚洲文化中心第六届野间国际绘本原画比赛"，于大武先生应征投稿，得了大奖。

那时候，我已经在福音馆书店工作六年了，看到他画的几幅《哪吒闹海》，觉得特别好，既有中国特色，又使用了现代的手法。比如画里人头的大小是身体的三分之一，而一般中国写实的画家不会这么画，他们画的比例可能是六分之一。大头的画法很新颖，非常有童趣。于大武在"文革"时代没有机会接受正规的美术教育，自成一体，反而形成了他自由创作的特色。

于大武的画得奖以后，出版社的编辑说要出书。于大武之前没有做过儿童绘本，我就一直跟他探讨绘本是怎么回事。于大武也非常用心，正稿画了好几年。因为他是画在绸缎上的，出版的过程中画面缩小，后来又下了很大功夫看怎么把它们放大。这本书最终成功出版，很长时间都是日本的孩子在读。

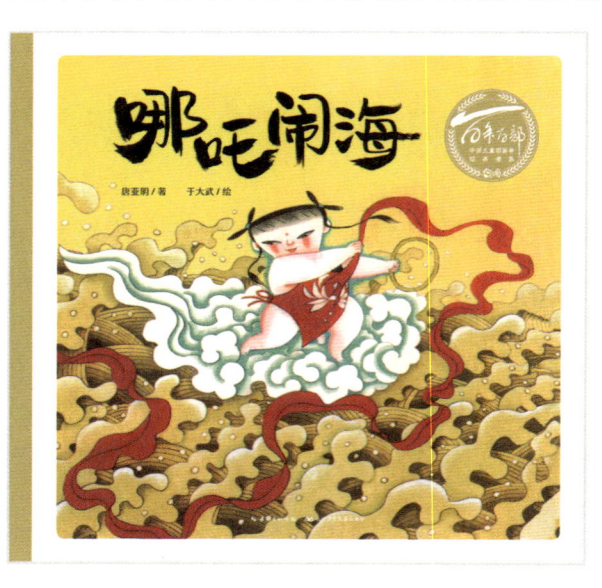

《哪吒闹海》可以说是改革开放以后中国绘本走向世界的第一本书。到了去年，长江少年儿童出版社联系我，希望把这本书收进"百年百部中国儿童图画书经

注：全文中《哪吒闹海》（唐亚明著，于大武绘）的图片来源于长江出版传媒、长江少年儿童出版社。

典书系"，我觉得很有意义。

《哪吒闹海》这样的故事对于外国人来说，是了解中国的窗口；对中国人来说，是本民族的文化根基，也可通过绘本的编辑出版，了解世界。

爱阅公益：除了语言改为中文，去年在中国出版的《哪吒闹海》和当年在日本出版的，有什么不同吗？

唐亚明：书本身没有不同，都是按照当年日本出版的尺寸和印刷质量来做的。唯一的遗憾是，20世纪80年代出版这本书的时候还没有数码文件，都是用胶片拍摄的，大的照片有半张床那么大。可惜那些胶片十几年前已经销毁了。

原画卖给了日本的美术馆收藏，但收藏原画的美术馆不愿意借出来。我们只好采取从原书扫描印刷的方式，所以可能比日本出版的稍微粗糙一点儿。

爱阅公益："百年百部中国儿童图画书经典书系"这一套书是

插画选自《哪吒闹海》

选了中国历史上有代表性的一些绘本，然后重新介绍给现在的孩子吗？

唐亚明：是的，曾任国家图书馆少年儿童馆馆长的王志庚认为，中国以前并不是没有绘本，希望能够把中国绘本的历史再现出来。这个想法很好，不过在我看来，严格意义上来讲，中国以前的绘本概念跟国外的还是有一定区别，而国外则没有中国的连环画和小人儿书。

爱阅公益：除了《哪吒闹海》，你还改编了很多传统故事，比如《杨志卖刀》《三打白骨精》《梁山伯与祝英台》等等。把传统故事改编成绘本要注意什么？

唐亚明：改编还是有很多技术性的问题需要解决，中国至少有几百万个故事，不可能都做成绘本。我们经常讲画面感，有的故事就没有想象的画面感，靠文字传达更适合。

举个不是传统故事的例子。我到日本做编辑工作以后，特别想把冰心的《小橘灯》改编成绘本。后来怎么弄也不成功，我发现小橘灯的光线靠想象非常美，但是一旦画出来，就没那么有意境了。

另外，民间故事如果不经过后来的改编，本身往往是比较残酷和恐怖的，所以故事内容的呈现也要有选择性。

爱阅公益：你怎么看民间故事里残酷和恐怖的元素？民间故事还适合今天的孩子吗？

唐亚明：这也是一个需要平衡的问题。我们不可以随意删减，直接改成现代的价值观，民间故事经过了上百年、上千年的流传，有其独特的生命力。

不过，原封不动地把原来的故事做成绘本也不合适。有的东西不适合画出来，但可以用语言讲出来，可以弱化某些不合时宜的东西。故事的挑选和改编很重要。

爱阅公益：很多传统故事都被改编过多次，有很多版本。你改编时参照的文本有哪些？

唐亚明：原著当然很重要，同时也要参考很多别人的版本，能够收集到的都要看看，作为背景资料，但自己的想法是最重要的。

爱阅公益：现在很多出版社也都在改编绘本版的经典故事，你觉得好的改编和可能没那么好的改编有什么区别？

唐亚明：这不像数学题能有一个标准答案，文学作品的区别是多方面的。基本的标准还是看绘画和语言。因为中国很多人不太懂绘本的语言，以为有文学性就是好的。我在日本做编辑这么多年，发现绘本最排斥的就是文学性的语言。文学性的语言是成人文学里非常宝贵的东西，但绘本语言主要是用耳朵听的，而不是用眼睛读的。绘本的基础就是大人读给孩子听，如果文学性太强，孩子就不容易自然地进入故事的世界。绘本的语言一定要通俗易懂，有节奏，它跟成人读物是完全不一样的语言概念。

图画方面可以看有没有连贯性，有没有吸引孩子的地方，是不是只是大人的自我表现，等等。

爱阅公益：怎么看图画是关注到了孩子，还是只是大人的自我表现？这是说有一些画可能画得特别好，也很有艺术性，但是并没有从儿童的角度考虑？

唐亚明：一般来讲，孩子都不太爱看美术馆里的画，但美术馆里的画都画得很好，水平很高。为什么呢？因为那些大师不是为孩子画的，他们是为了表现自己的艺术感觉。

我们当编辑时间长了，一看就知道有的画家只想表达一句话："你看我画得多棒！"这样的作品可能是好的"美术馆作品"，但不是好的绘本作品。比如你给孩子讲故事，全心全意地讲，为他服务，他就爱听。如果你自言自语，讲什么他都根本不理你。画绘本也是一样的。其实没什么高深的道理，画家也好，作家也好，你全心全意地为孩子服务，让孩子开心，你的姿态就不一样。我们拿到一本书，能看出作者的姿态。

爱阅公益：我看你说"中国绘本"系列是赋予连环画新的生命，这个怎么理解？

唐亚明：我们中国有很好的绘画传统，我们的孩子也需要本民族的文化。我们改的这套连环画都是非常优秀的画家的作品，但是连环画并不完全是为孩子做的，而是作为美术作品来做的。

为了改成适合现在孩子的书，我重新写了文字，图画也进行了重新编排。以前的文字是给成人看的，现在重写的比较通俗，是给孩子看的。

爱阅公益：所以这些画是以前连环画里的画，不是重新画的？

唐亚明：对的。画这些画的大部分画家都去世了，所以图画只是重新编排，按照绘本的规格重新来做。

爱阅公益：是都找到了原稿吗？

唐亚明：是的，找的原稿。现在在"小活字图话书"（以下简称"小活字"）和我一起工作的汪家明老师曾担任人民美术出版社的社长，他跟这些艺术家关系很好，找到了非常珍贵的手稿。

爱阅公益：外国画家可以创作吗？

唐亚明：外国画家也创作不了，这是我们中国自己的特色，只有我们自己能做。

爱阅公益：老艺术家当时画的是连环画，也没有现在绘本的概念，但你觉得使用他们的画是合适的吗？

唐亚明：得重新编排。有的画也没有使用，有的改变了顺序，等等。老一辈的艺术家画得确实好，我们希望孩子能看到真正的中国传统艺术。但如果直接给现在的孩子看以前的连环画，他们也不一定爱看。所以这套书就是根据现在的情况，赋予连环画新的生命吧。

爱阅公益：连环画和绘本最大的不同是什么？

唐亚明：连环画跟绘本最本质的不同是，连环画是读者自己读的书，而绘本是大人读给小孩儿听的书。绘本是服务孩子的，所以它的语言是写给孩子听的，但连环画的语言就是成人的语言，不单是为了孩子写的。

很多中国的家长以为绘本跟连环画一样，是小孩儿自己读的。按照松居直的话来说，十块钱买来的绘本，其实只发挥了五块钱的价值。绘本真正的艺术形式是大人读给孩子听，通过语言和图画把家庭连接在一起。

从画面上来看,连环画的画是单篇的,绘本的画是有连贯性的。比如这一页有一只小鸟飞到树枝上,到下一页,这只小鸟可能就会落在地上。而连环画没有这个概念。

站在童心童趣的角度创作

我比较反对异想天开、坐在屋子里想点子的创作方式。

爱阅公益： 除了传统故事的改编，你也自己创作新的绘本故事。比如最近我看到的《我家有恐龙》《妈呀！老虎来了！》等等。你自己一直在创作吗？

唐亚明： 我做编辑之前就喜欢写东西，但后来主要是给别人做嫁衣。给别人做了一辈子嫁衣后，自己还是有很多想写的东西。今年要不是疫情，我应该已经出版好几本绘本了。我自己的创作跟写传统故事不一样，我还是站在童心童趣的角度上，讲一些有意思的故事。这些作品不分国籍，超越国界，是任何国家的孩子都喜欢看的那种。

另外，我现在也着重多做一些翻译工作，把国外好的作品介绍到中国。

爱阅公益： 我看你一直以来都在做翻译工作，特别是翻译日本作家的作品。

唐亚明： 是的。

爱阅公益： 虽然在日本工作多年，但你一直还是非常关注国内绘本的发展。

唐亚明：我非常热爱祖国，一直心系祖国，想要把好的东西都介绍过来。

我 1983 年去日本后，接触了很多精美的绘本，一直希望中国的孩子也能看到。我做了很多的努力，包括和松居直一起设立"小松树奖"，建议中国加入国际儿童读物联盟（IBBY），给中国的出版社寄样书，和松居直一起到中国各地去演讲，推广绘本的概念，等等。

松居直第一次来中国演讲是 1985 年，之后每年都来，受到非常隆重的欢迎，大家听了也觉得特别好，但很难与当时中国的现实结合。当年在湖南少年儿童出版社当编辑的蔡皋老师得了"小松树奖"，我们也鼓励她继续创作，但是那时做出来的绘本完全卖不出去。

这么多年来的努力可以说是播下了很多种子，终于在十几年前，中国算是开始走上了绘本的道路。现在中国的这些绘本大师，当年多多少少都受到了松居直和日本绘本的影响。松居直的话都是通过我的口传递出去的，所以也可以说我的语言影响了很多人（笑）。

爱阅公益：你创作的灵感一般来自哪里？

唐亚明：这个不能一概而论。比如《妈呀！老虎来了！》是不同元素的融合。前几年，我领日本的动物画家夏目义一去福建，去之前只知道那里有茶叶，到了当地才了解到野生的华南虎已近灭绝，常见的都是人工饲养的。我们还看到了土楼，这是别的国家没有的，我想土楼还没有登上过绘本的舞台。我就把这些元素融进了故事的创作里。

爱阅公益：你和画家一般以什么样的方式合作？

唐亚明：形式也都不固定，有各种情况。《妈呀！老虎来了！》这本书是我和画家先一起去福建采风，采风以前没有定好具体画什么，只有模糊的概念。我们就边采风边积累，跟做饭似的，打开冰箱，看到里面有什么东西，就做什么东西。

创作《妈呀！老虎来了！》时，我既是前期编辑又是作者，加上我比较熟悉中国的情况，所以整体的思路是我主导的。我觉得现场采风是非常重要的，现在很多人图省事，就在网上搜些资料照着画。我不认可这种方式，因为除了外在的形体，现场的氛围、在当地才会有的感觉也很重要，这些仅靠资料是画不出来的。我一直很看重的真情实意也是这个意思。

爱阅公益：你说你既是编辑又是作者，这样也可以吗？

唐亚明：有很多这样的情况。我作为编辑，主要是策划和主导，但最终还是需要第三者来编。比如"小活字"的王子豹、卜凡，浙江少年儿童出版社的徐洁等，都是很优秀的编辑，他们向我分享了

注：全文中《妈呀！老虎来了！》（唐亚明著，[日]夏目义一绘）的图片来源于浙江少年儿童出版社。

很多想法和意见，毕竟旁观者清，这样才能有好的作品出来。

爱阅公益：《妈呀！老虎来了！》的画面有很多留白，这是你的想法还是画家的？

唐亚明：这是我跟画家商量，希望他这样画的。绘本不是绘画作品，绘画可以在画里加很多背景，但是绘本主要是讲故事，多余的元素就要去掉。这也是很多外行看不懂绘本的地方，他们会觉得画面比较空，应该画得满才比较好，这就不是专业的眼光。

插画选自《妈呀！老虎来了！》

爱阅公益：你当时去采风，肯定收集到了很多不同的素材，最后呈现出来的是有点儿荒诞、滑稽，但很有童趣的故事。

唐亚明：童趣是绘本的生命。如果我专门写一本关于华南虎或者土楼的书，孩子也未必会感兴趣。当然如果变成知识性的科普绘本，那就是另外一个领域了。但这种文学性、虚构性、故事性的书，一定是以童趣为主的。不过就算是科普类的书，主要功能也应该是引起孩子的兴趣。

我们在这个故事里运用了"你追我赶"的形式，制造出紧张的情绪，这也是绘本比较常用的一种手法。

爱阅公益：其实茶叶、土楼等元素在故事里就是一个背景。

唐亚明：对，就是作为中国文化的背景。没有这个背景，也不会有这个故事，但我们传达的核心还是趣味，让孩子在人和动物的互动中感到快乐，感觉有意思。这时候，他们或许也会对老虎、土楼和茶叶产生兴趣。

我们做绘本的目的不是教育孩子。孩子看了一本书，就跟我们看了一部好看的电影，听了一首好听的歌一样，感到心情愉快，对故事情节有兴趣，我们的目的就达到了。

插画选自《妈呀！老虎来了！》

爱阅公益：你另外一本原创作品《我家有恐龙》的结尾很有意思。最后恐龙钻进了画里，我特别想知道它还会不会出来。

唐亚明：这个就请读者自己想象了，他们可以想象出各种各样好玩儿的情节。

这本书的灵感来自蒙古国。前年因为要做一些书，我带着几个"小活字"的编辑到蒙古国采风。蒙古国是研究恐龙的宝地，蒙古草原曾经是恐龙的栖息地。那里有很多恐龙化石，很多恐龙研究人员都会到蒙古国去寻找化石。

我们在乌兰巴托参观了一个恐龙博物馆，在那里看到了恐龙蛋的化石。在我小时候，父亲曾从非洲带回一个鸵鸟蛋。那时候我就老想着，鸵鸟蛋里要是突然孵出一只鸵鸟该多有意思呀。

看到恐龙蛋的化石后，我就想从那里面孵出的恐龙会是什么样的呢？其实我们谁都没有见过真正的恐龙，但我们见过恐龙的骨骼，如果孵出恐龙的骨骼，肯定很有意思。慢慢地，这个绘本的故事就出来了。

我想，如果让陪我们一起参观的蒙古国画家来画，他肯定也有感觉，所以就请了他来画。

说到这本书的结尾，我还想提另外一个问题。我一直反对在书里放导读，因为导读限制了读者的想象力。一千个人来读这本书，就有一千种想象，这也是绘本和虚构故事的魅力所在。

爱阅公益：导读是中国特色的东西吗？在日本会放吗？

唐亚明：起码福音馆是坚决反对放导读的，但是我们会在书里介绍一些背景，一个是作者的背景，一个是故事的背景，比如作者的创作过程。但是我们不会写读了这本书就明白了什么道理，或者怎么读比较好。人家买来了书，怎么读是人家的自由。

为什么中国有这个现象？因为中国以前绘本比较少，大人不知道怎么读好，所以导读在最初也起到了一定作用。但是我想将来要

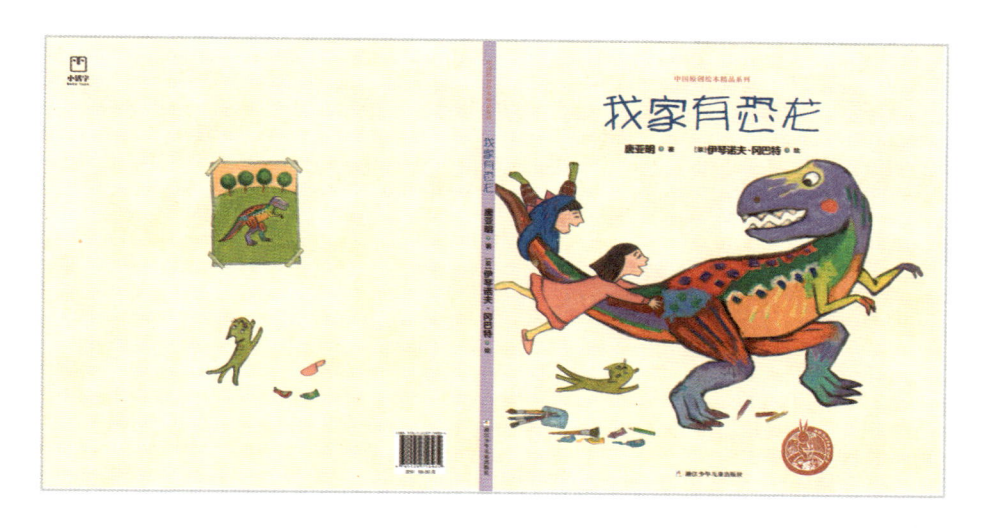

慢慢把它舍掉，中国导了十几年了，也导得差不多了。希望以后每个家庭的父母和孩子，自己都是"专家"。

爱阅公益： 感觉你创作的灵感很多都是从采风中来的。

唐亚明： 这些灵感都是有源头的。我比较反对异想天开、坐在屋子里想点子的创作方式。我们以前经常说创作来源于生活，这是千真万确的真理。创作绝对不能来源于想象，其实想象也来源于生活。

很多人以为做儿童书就是想象和幻想，这是错的。我们大家都喜欢宫崎骏的动画片，它的每个场景也都有原型。没有原型、异想天开的作品都站不住脚，没有根基。当然并不是说有了原型就要完全原封不动地使用，但是很多人忘记了生活，以为好的作品是靠点子取胜的。

爱阅公益： 所以创作者还是得多多观察生活，感受生活，然后再回馈到创作中去。

注：全文中《我家有恐龙》（唐亚明著，[蒙]伊琴诺夫·冈巴特绘）的图片来源于浙江少年儿童出版社。

唐亚明：这是绝对正确的。日本比较优秀的儿童文学和绘本作者大都经历过战争、饥饿和动乱。后来日本进入和平时期，大家都是从小学走到大学，经历都比较相似了，好作品就少了。

当编辑，从仓库做起

人不是靠知识，而是靠感觉。

爱阅公益：1982年，因日本访华团的翻译请病假，你临时做了翻译工作，并因此结识了松居直先生。他在离开北京的前一天，特别单独与你谈话，问你是否对去日本做绘本感兴趣。你觉得他为什么会找你呢？

唐亚明：那你就要问他了（笑）。他找我可能是看上我了，但为什么看上我，我觉得一个原因是他可能希望培养一个中国的年轻人。日本当年对中国的侵略让他有一些愧疚之情。

如果要培养一个中国人，他可能觉得只是一张白纸的我，反而要比已经在中国接触过儿童文学、儿童出版的人好。再加上我会日语，他跟我接触以后对我也有了好感，觉得我能干活儿吧。

爱阅公益：你之前从没接触过绘本，为什么会决定去？

唐亚明：当时就是好奇。那时候中国人轻易出不了国，我去办护照就办了好几个月。能够出国，看到一个未知世界，走一条未知道路，对年轻的我非常有吸引力。世界这么大，我想看看其他国家是怎么样的。所以我就答应了，去干什么都行，进不了出版社，去餐馆打工也行。

爱阅公益：那时候你是三十岁吗？

唐亚明：我初遇松居直时是二十九岁，已经工作多年，有很多经历了，那时候也算是"干部苗子"，在中国也有可能前途无量。但人年轻的时候还是愿意走未知的道路吧。

爱阅公益：刚到日本时你是什么感受？

唐亚明：第一感受是日本也没想象中那么好。记得去办一些手续的时候，他们的公务员一副爱理不理的样子。

爱阅公益：你到福音馆后，是在仓库做了四年吗？

唐亚明：对，要从基层做起。福音馆的所有男员工都要从仓库做起。仓库工作也很简单，有批发商带着订购单来，我就按照要求把书包好交给他。这么一个简单的工作，一天下来，真正工作的时间也就不到两个小时，其他时间都可以看书。所以我利用这些时间看了很多福音馆的作品。当年松居直还建议我到早稻田大学学习，我读了文学系。

在仓库工作还有另外一个收获。真正当了编辑以后，工作很忙，日本人工作时互相也都不怎么说话，但在仓库里大家闲着没事就聊天，我因此知道了很多关于日本社会的宝贵经验。松居直很聪明，他知道马上让我去编书是不可能的，我当时连日本社会是什么样子的都不知道呢。

爱阅公益：你当时去的时候有语言和文化上的障碍吗？

唐亚明：没有什么障碍，因为我已经学了好多年的日语。去日本之前我在中国音乐家协会，工作就是翻译日本歌曲。

爱阅公益：仓库工作结束后你就开始正式的编辑工作了吗？

唐亚明：一开始我是给老编辑当助手，还不能自己独立编书，只能编书里的插页、读者来信等等。就这样一点儿一点儿地做起来的。

爱阅公益：一开始有遇到什么困难吗？

唐亚明：因为我之前一直做中文的文字工作，阅读方面还是有判断力的，一个稿子写得好不好，哪里顺不顺都能看出来。但如果要帮作者修改或者提出建议，还是需要很高的日语水平。所以刚开始最难的可能是写东西时有些不好把握，不像使用中文时能一下子判断出哪个词更为恰当。

爱阅公益：你到日本的时候，日本的绘本发展是一个什么样的情况？福音馆已经是很大的少儿出版社了吗？

唐亚明：是的，可以说是日本最权威的少儿出版社。日本从明治维新以后就接受了很多西方的文化概念，那时候就有面向儿童的绘画。

第二次世界大战后，到了20世纪50年代后期，日本的绘本真正开始发展，绘本的黄金时代是20世纪60年代和70年代。现在我们看到的很多好作品都是那个时期的，比如《古仑巴幼儿园》、"古利和古拉"系列等等。

我到福音馆是在20世纪80年代初期，那时候，日本的绘本已经发展得很不错了。我在福音馆工作的三十五年，日本绘本也在不断发展，但中间也经历了泡沫经济的崩溃期，销售量下降。比如我们有一个月刊叫《儿童之友》，总共四种，经济发展的黄金时期，每一种的月销售量高达三十多万本。"泡沫经济"破灭后，月销售量只有之前的一半。

任何国家的行业发展都是跟大环境连在一起的。中日友好时期，于大武、蔡皋等人的作品都很顺利地在日本出版了。

爱阅公益：退休前你是福音馆的执行总编辑，这是最高职位了吗？

唐亚明：编辑业务上可以这样说，但是福音馆作为一家私人公司，最高的管理层当然是它的股东。我这个"执行总编辑"，其实在日语里就叫"编辑长"，跟汉语里"总编辑"的概念不一样，没有多么了不起。其实编辑长很多人都不愿意干，因为杂事太多。

爱阅公益：你在日本一年能编多少书？

唐亚明：福音馆的编辑部有个好处，没有硬性规定要编多少书，都是靠大家自觉。我在福音馆一年大概编六本原创书。中国的编辑可能会觉得这么少哇，但我们编得非常细，希望编一本就能卖几十年。

爱阅公益：你觉得编辑和作者应该是一个什么样的关系？

唐亚明：编辑和作者的关系实际上是最难说清的。

我经常说编辑实际上是导演，作者是演员。作者的才能，编辑要充分调动，把他们的才能发挥出来。让作者出色地完成角色的演出，这是编辑的责任，但是编辑不能代替演员。同时作者要听编辑的指挥。

有一些不好的编辑，作者写出来的稿件原封不动地使用，说声

"谢谢你"就完事了。现在大家都喜欢找名人，请他们写个稿，写完就出版。这是最一般的事务员性质的编辑。好的编辑要指导，要说戏，要告诉人家怎么做，哪怕再有名的演员也要听你说戏。

爱阅公益：如果作者的想法跟你的想法不一样，作者又不接受你的想法，你会怎么做？

唐亚明：说服他。他要是不接受，那这本书就做不了了。

爱阅公益：所以编辑还是会处于相对掌控的位置？

唐亚明：编辑是有主动性的。一本书实际上也是编辑的作品，但是中国目前似乎还缺乏能力超强的绘本编辑，很多编辑不是主动指导、帮助作者，而是按作者的想法去做。

爱阅公益：你觉得如何能够成为一名好的编辑？

唐亚明：这不是一句话能说清楚的，跟如何成为一个好人一样，因素太多了。

爱阅公益：比如你自己是怎么从一张白纸开始，慢慢成长为一名优秀的编辑的？

唐亚明：说白纸其实是从技术层面讲的，但是个人的基础、思想水平、艺术水平、眼光、感觉等等，也跟从小的培养有关系。所以我一直强调，人不是靠知识，而是靠感觉。

绘本实际上不是给孩子灌输知识，而是造就孩子的感觉——美感、乐感、语感等等，这些对孩子、对编辑、对所有人来说都是最重要的东西。

没有知识，只是一张白纸，是可以学习的。但是没有感觉就很麻烦了，这个要从小培养。虽然我小的时候没有读到很好的绘本，但是我特别感谢我的父母，利用各种条件培养了我比较好的感觉。

我非常幸运，到日本以后又有很多机会到世界各国旅游，这对开阔眼界、培养感觉是很有帮助的。所以当一个好的编辑，除了学习书本的知识，还要有丰富的生活阅历、开阔的眼界、能与各种人打交道的社交能力等等，这些对工作都是有用的。我们经常说"功夫在诗外"，你要写好诗，每天看诗集也写不好，只有增加自己的阅历，才能写好。

爱阅公益：能跟我们分享一个你如何编辑一本书的具体案例吗？

唐亚明：这个太多了，我都编了很多本书了。那我分享一下《富士山歌历》吧，这本书非常有特点，几年前中国也引进了，我翻译的。

日本人除了做科学类书籍，很少把富士山作为绘本素材，因为不太敢碰。我偶然看到 U.G. 佐藤把富士山画得非常有趣味。U.G. 佐藤是世界有名的广告招贴设计大师。

在他的画里，富士山变成了一个浇水壶、一张野餐的桌子、一个易拉罐等等。我觉得这个人的视角很有意思，能够把这神圣的富士山变得那么有童趣。

我就研究怎么把他的画做成绘本。这个事情比较难，因为他的画都是单幅的，不是一个故事，怎么样才能串联起来呢？我想到一个主意，不如用中国的二十四节气作为线索，以季节的变化为主轴把画串联起来。

我原来是想让画家自己写文字，可是他怎么写我也不满意。后来松居直跟我说，要不就用和歌，和歌就是日本的诗歌。我想了想觉得是个好主意。一开始我想把日本古代的和歌翻译成现代的诗歌，就找了日本很有名的短歌（作者注：短歌是和歌的一种）诗人俵万智，跟她商量翻译的事情。她说与其翻译古代的诗歌，还不如用她自己写的短歌。后来我就请她根据图画，用她已有的以及新创作的短歌来配画。

但之后我又觉得短歌对孩子来说稍微有点儿难，就想到把三个部分组合起来的方式。第一部分介绍二十四节气，第二部分是短歌，第三部分用现代的语言讲图画与和歌的意思。这本书后来很成功，我作为一个外国人，用第三者的眼光编出了这本日本人编不出来的书。

爱阅公益：你和佐野洋子也有多年的深厚友谊，她的不少作品也是你翻译成中文的。我听说《活了100万次的猫》第一次交到福音馆的时候，编辑拒绝了她，理由是这是大人喜欢、孩子不会喜欢的故事。后来《活了100万次的猫》成为一本非常畅销的经典绘本。这个你怎么看？

唐亚明：这个有点儿误传，佐野洋子拿到福音馆的是《绅士的雨伞》，那本书是被拒绝了。后来《绅士的雨伞》也成了一本畅销不衰的书，所以编辑也有判断失误的时候。

《活了100万次的猫》确实不是写给孩子的，这本书也比较成人化。但这本书有一个优点是大人看了以后都很感动，那他们给孩子读的时候，一定也会有感染力。如果父母本身不太喜欢，给孩子读的时候毫无兴致，孩子肯定也能感觉到，而且一本书如果家长不喜欢，他们也很难买回家给孩子看。

另外，这本书里虽然有成人化的概念，但里面有动物，有小偷，有国王，有各种各样的变化，孩子还是会觉得有意思的。

佐野洋子小时候在北京生活，在四合院里看到的猫影响了她的一生，她喜欢的猫都是北京的猫。所以中国人喜欢她的故事也有着内在的原因。

爱阅公益：你现在已经从福音馆退休两年了，但仍然是"小活字"的总编辑。你为什么会加入"小活字"，或者说你是创始人之一？

唐亚明："小活字"初创的时候我就参与了。当时生活·读书·新知三联书店的几个老编辑计划成立"活字文化"，香港中文大学出版社社长甘琦（诗人北岛的夫人）推荐我加入。最开始我无法全力以赴，因为毕竟还有在日本的工作。

两年前我从福音馆退休，就有比较完整的时间来关注"小活字"的工作了。我从一开始就担任总编辑，但最初还没有摸清中国出版的路数，因为中国出版和日本出版完全不一样。我本以为在日本出版的好书也能在中国卖好，后来发现情况很复杂。20世纪70年代以前，日本人觉得书是为了教育，为了有用，跟现在中国的家长比较相似。但经过几十年的发展，日本读者改变了这个观念，觉得阅读是为了让孩子感到高兴，是培养素质而不是教授知识，跟学校的学习是不一样的。

一些中国家长小时候基本没读过绘本，还是追求读了有用，追求教育功能。日本有一本无人不知、无人不晓的"黄金摇钱树",叫《古仑巴幼儿园》。我翻译介绍到中国,就是卖不出去。很多家长可能还是从这本书读了有什么用来考虑是否购买的。

中国的购物方式也跟日本不一样。中国人喜欢买套书,套书在日本比较少,日本消费者习惯一本一本地挑。很多中国家长不会挑书,就看得了哪些奖,或者哪位专家说了什么话。当然,这与网购也有很大的关系。

我刚开始还想改变这些观念,改变市场。后来我发现凭借单薄的力量完全改变不了,只能顺应时代的潮流,然后慢慢地主张自己的想法,慢慢地改变。我们也根据中国的市场做了一些书,还比较受欢迎。比如前段时间出了一套"10岁开始的经济学",以及关于儿童教养的书,家长都喜欢得不得了。

爱阅公益:我看"小活字"的出版侧重点还是民间故事的改编,是吗?不仅仅是我们耳熟能详的故事,有一些少数民族的故事也做成绘本了。

唐亚明:对,我们的侧重点还是中国文化,还是为孩子出书。钱也要赚一些,但主要不是为了赚钱出书,如果光为了赚钱,可以干别的。

爱阅公益:有一些虽然是中国故事,但你找了日本、蒙古国等国的画家来画,主要的考虑是什么?

唐亚明:因为他们适合画那个故事,我们没考虑国籍问题。

爱阅公益:你现在一直在推广"图话书"这个概念,推广成果怎么样？未来有没有可能更广泛地运用？

唐亚明："图画书"这三个字最早是从英语翻译过来的，因为中国本身没有这种艺术形式。"绘本"是日本的说法，但是"绘本"这个词并不是日本人创造的，而是中国的古语。中国古代说的绘本是指有图画的书，但日本人把它用作一种儿童读物的艺术形式的专有名词。绘本在20世纪八九十年代慢慢传到中国以后，很多人就都用"绘本"这个词了。

大概十几年前，有一个年轻的女学者，名字我记不清了，她跟我说，图画书是画和故事，应该用说话的"话"，也就是"图话书"。我一听觉得她说得很有道理。

不过我估计最后可能还是以"绘本"为常见的说法。"图画书""图话书"有三个字，"绘本"是两个字，大家可能觉得还是后者用起来更方便一些。

采访时间：2020年11月

伊戈尔·奥列伊尼科夫

用画笔重塑经典

伊戈尔·奥列伊尼科夫

伊戈尔·奥列伊尼科夫（又译欧尼科夫、欧尼可夫）1953年生于莫斯科的卫星城吕布贝。和大部分画家一样，他从小就喜欢画画。不过与许多人不同的是，他没有接受过正规的美术教育。同为艺术家的母亲虽然非常支持奥列伊尼科夫画画，但是并没有亲自教授儿子，而是让他自己探索。"脑子里没有那些条条框框"，奥列伊尼科夫觉得这样反而更好。

2018年，六十五岁的奥列伊尼科夫获得国际安徒生奖插画家奖。其实，在此之前的大部分职业生涯里，他都在动画领域工作，从1979年到2009年，整整持续了三十年的时间。2009年之后，奥列伊尼科夫才完全专注于图画书的创作。

奥列伊尼科夫常说起动画制作对他的影响："我把一本书看作一部电影，所以我笔下是一帧帧动画电影里的画面。什么是进程，什么是情节的发展，我都明白。"作为读者，我们也确实在奥列伊尼科夫的插画中看到了电影画面般的动感。每一幅静止的插画虽然只表现了电影里的一帧，却能一下子把读者带入场景之中，引发读者关于整个场景流动的想象。

奥列伊尼科夫从 1986 年开始兼职画插画，经典童话、诗歌、传统民间故事等都是他经常绘制的主题。面对人们耳熟能详的传统与经典，奥列伊尼科夫总能带给人们意想不到的、有冲击力的图画诠释。

"我很喜欢在一些著名的经典故事中另辟蹊径，用一种特别的视角去诠释它们。"奥列伊尼科夫说。

奥列伊尼科夫的插画是适合大开本图书的那种。笔触浓重、肌理鲜明、细节丰富，每一幅都是艺术品。有意思的是，奥列伊尼科夫喜欢用"废弃"的材料画画，比如旧笔刷、抹布、小扫帚等等。这些东西在纸张上创造出一种绝妙的、让人意想不到的效果，他称之为"神启的偶然"。

这些年来，奥列伊尼科夫与中国作家有过不少合作，其中不乏如《夫子说》《斗年兽》等表现中国传统文化的作品。奥列伊尼科夫坦言他并没有深入研究中国文化，而是根据自己对中国的想象进行创作。奥列伊尼科夫画笔下的中国故事都烙上了浓烈的"奥式"风格，虽然不是传统的中国风，但并没有不和谐，反而因新颖和差异创造出了耳目一新的感觉。

2018 年，我与同事参加意大利博洛尼亚书展时，无意间拿起了一本奥列伊尼科夫的书，里面都是小老鼠的简笔画。那时我们并不知道奥列伊尼科夫是谁，当年的国际安徒生奖也还没公布，但那本书里的小老鼠一下子吸引了我们的注意。

"这个画家画得太好了，几笔就把小老鼠的神态画绝了！"同事说。

因为实在太喜欢了，我们询问工作人员能否把书卖给我们。虽然是非卖品，工作人员还是把书送给了我们。后来，我们还有幸得到了奥列伊尼科夫的签名。这一切都发生在奥列伊尼科夫得奖之前。可见真正优秀的作品，即便没有获得大奖，也会发光。

这次采访很顺利，奥列伊尼科夫欣然答应了我的邀约，还说："我好久没接受过采访了，都觉得有点儿无聊了。"

我把翻译成俄文的问题稿发给了奥列伊尼科夫，一段时间后，他发来了答复。他对每个问题都进行了或长或短的回答，真诚且直接，毫无掩饰。从中我也看到了纯粹的艺术家对待艺术的态度。

《小拖船之歌》，传达拖船的感受

他借用拖船真正描绘的是自己。

爱阅公益：《小拖船之歌》这部作品入选了我们爱阅公益基金会的2019年度书单"爱阅童书100"。我在一篇对你的采访里读到，在你的作品中，《小拖船之歌》是你最喜欢的一本。是这样吗？

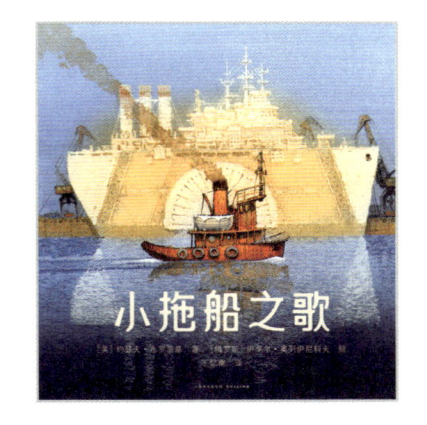

奥列伊尼科夫：不，不是这样。要说这本书在俄罗斯很畅销，那确实是，但它并非我最喜爱的作品。

爱阅公益：你为什么会选择为约瑟夫·布罗茨基的这首诗创作插画？

奥列伊尼科夫：事实上，并不是我选择了它。我甚至一度都不知道这首诗的存在。出版社将作品推荐给我，让我配插画，我同意了。

爱阅公益：这首诗在俄罗斯是人们耳熟能详的吗？

奥列伊尼科夫：我想并不是。布罗茨基名声很大，但他是以成人诗歌而著称的。他的儿童诗歌作品很少，因此了解它们的人也并

注：全文中《小拖船之歌》（[美]约瑟夫·布罗茨基著，[俄罗斯]伊戈尔·奥列伊尼科夫绘，王忆南译）的图片来源于贵州出版集团、贵州人民出版社。

不多。

爱阅公益：在你看来，这首诗表达了怎样的情感？

奥列伊尼科夫：我想，在那个时期，出国是不可能的。而布罗茨基为此感到很苦恼。与此同时，我觉得，他很清楚自己在俄罗斯的位置。而他必须要在这里写作。他的离去是被迫的，他被驱逐出了自己的国家。因此，他借用拖船真正描绘的是自己。我甚至把拖船画成了红褐色（带着锈迹），因为布罗茨基本人的头发就是红褐色的。

爱阅公益：这首诗对你自己有什么特殊的意义吗？

奥列伊尼科夫：不不，我觉得不能这么说。只能说，我的布罗茨基诗歌作品系列是从这本书开始的。在他的儿童诗歌作品中，我为其中三首创作了插画。

爱阅公益：你并不是圣彼得堡人，而《小拖船之歌》的背景是圣彼得堡，你在创作上会因此感到困难吗？

奥列伊尼科夫：在我创作这部作品之前，我曾去过圣彼得堡（那时叫作列宁格勒）两次，分别是上中学时和上大学时。开始画这部作品时，我本想再去一趟，但当时是冬天，我很清楚，即便去了，也看不到我想看的东西。好在有互联网，关于圣彼得堡的风貌，我是取材于网络的。

爱阅公益：通过你的画面，你希望表现出怎样的场景和氛围，传递给读者怎样的感受？

奥列伊尼科夫：我没有想过这个问题。我只是想传达拖船的感受，描绘出拖船工作时那种神奇而特别的氛围，而不是只画港口和港口的工作。这不是我喜欢的方式。

爱阅公益：你认为你的画面和文字是一种什么样的关系？

奥列伊尼科夫：我希望它们基本能相互契合——文字是怎样的，画面就是怎样的，但附带了我的想象。

爱阅公益：这本书里的图全都是跨页的大图，能说说为什么选择这样纯跨页的方式吗？

奥列伊尼科夫：因为很想多画一些。而现在，我可能会选择另一种方式去画。

插画选目《小拖船之歌》

爱阅公益：除了《小拖船之歌》，你还为布罗茨基的其他诗歌，以及其他俄罗斯诗人，比如丹尼尔·哈尔姆斯创作了图画书。你为什么喜欢创作诗歌类图画书？

奥列伊尼科夫：因为诗歌的字数少，一行字可以配上一大幅图。这意味着更大的想象空间。

爱阅公益：创作诗歌类图画书时，你关注的要素有哪些？

奥列伊尼科夫：我会选择那些"尖锐"的内容，那些最有戏剧张力、情节紧张的部分。为散文配图也是如此……

《老鼠的房子》，并不指望孩子能看懂

负责行使教育功能的应该是家庭和社会环境，即生活本身。

爱阅公益：《老鼠的房子》这本书根据 B. 达里的小说《洞主小老鼠》编绘。《洞主小老鼠》是一个什么故事？是俄罗斯的民间故事吗？你做了哪些文字上的改编？

奥列伊尼科夫：对，这是一个俄罗斯民间童话，作者是达里。故事由两个部分组成。第一部分讲的是老鼠住在人类的房子里，但是后来被赶了出去。于是开始了第二部分，讲它找到了一座荒废的房子，也就是故事中的小房子。而我就想给第二部分画插图。

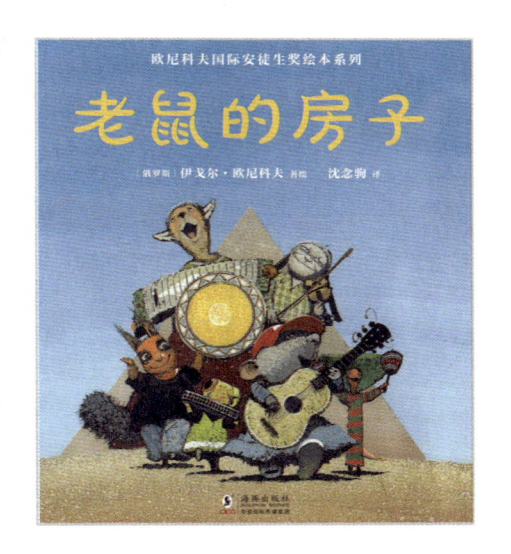

不过这个故事改编为儿童作品之后，变得柔和了许多。在原作中，灰狼住进房子之后就开始欺负所有动物，动物们叫大熊来帮忙时，大熊甚至直接抓起小房子把它毁了。而在儿童故事的版本中，大家和睦相处，房子之所以毁掉只不过是因为它无法承受大熊的重

注：全文中《老鼠的房子》（[俄罗斯]伊尔·欧尼科夫著绘，沈念驹译）的图片来源于海豚出版社。

量，即出于偶然。但对我个人来说，这样的结局非常乏味。于是，我选择了达里版本的故事。

爱阅公益：这本书的文字部分虽然比较简单，但通过画面的丰富内容和细节，可以看出故事里深刻的现实隐喻。比如，通过图画，我们看出这些小动物都是冷漠都市的边缘人物，遭遇种种困境后聚集到一起。能跟我们说说你创作这本书的起因吗？

奥列伊尼科夫：我很喜欢在一些经典而著名的故事中另辟蹊径，用一种特别的视角去诠释它们。在俄罗斯，这个故事是很多人在很小的时候就听过的。而我很好奇，为什么所有的动物本来都有自己的住处（洞穴、树洞、巢、窝……），却突然变得无家可归了？所以我觉得，应该分别讲述它们的故事。

插画选自《老鼠的房子》

爱阅公益：你希望通过这本书传递哪些思考和观察？

奥列伊尼科夫：这里面存在一些我个人的创作动机，涉及我所在城市的建设管理问题（当然了，不只是我所在的城市，全世界恐怕都有这样的问题）。至于具体细节我就不深入展开了。

爱阅公益：创作这本书时，你是把它当作一本童书来创作的吗？

奥列伊尼科夫：不是，我不指望孩子们都能看懂。它其实是一本为成年人准备的书。但孩子们也可以从中得到自己的收获。正如一位比利时插画家所言："我为家长们作画，目的是让他们能够将故事转述给孩子。"

爱阅公益：在书的最后，青蛙和松鼠是生了孩子吗？为什么会有这个设计？

奥列伊尼科夫：因为青蛙爱上了松鼠。为了将这一点呈现在画面上，我花了不少心思。而这段爱情的结局就是它们生出了一只黄色的小松鼠。

但我觉得松鼠是一位反复无常的女士，一位艺术家，豪放不羁。所以接下来它有可能展开一段新感情。但这已经是另一个故事了。

爱阅公益：你希望儿童读者阅读这本书后，会有哪些收获？

奥列伊尼科夫：这取决于父母如何向自己的孩子解读。我并没有植入任何教育意义。这本书完全没有说教成分（我个人的看法），它意在培养人的品位。而负责行使教育功能的应该是家庭和社会环境，即生活本身。

《狐狸和兔子》，有戏剧冲突的好剧本

我们每个人心中都存在某种不为人知的恐惧。

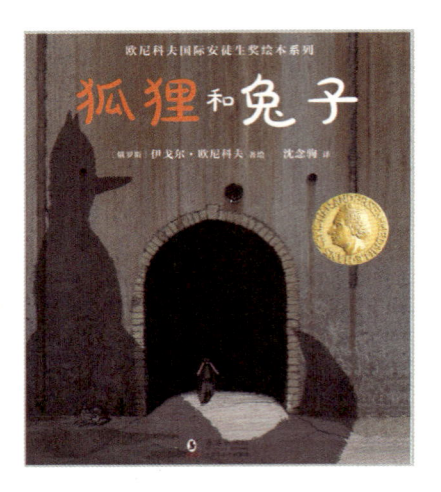

爱阅公益：在《狐狸和兔子》这本书的开头，我们读到以狐狸和兔子为主角展开的文字版故事。这是一个俄罗斯民间故事，对吗？你为什么会选择这个故事来进行再创作？

奥列伊尼科夫：对，这也是一则俄罗斯民间童话故事。我选择它的原因是故事里有强烈的戏剧冲突，并且出场人物众多。换言之，这是一个很好的剧本。

爱阅公益：《狐狸和兔子》《老鼠的房子》两本书风格很相似，你是同一时期创作的吗？这算是一个系列吗？

奥列伊尼科夫：我为它们配画的时候是带有个人风格的，这是一种现代风格。它们就像上下集。《狐狸和兔子》是第一本书，而《老鼠的房子》是第二本。它们之间有怎样的联系呢？首先，两本书的情节都围绕着房子展开；其次，《老鼠的房子》里某个人物与《狐狸

注：全文中《狐狸和兔子》（[俄罗斯]伊戈尔·欧尼科夫著绘，沈念驹译）的图片来源于海豚出版社。

和兔子》里的某个人物有亲戚关系。具体是哪个人物呢？请读者们自己去发现吧。

爱阅公益：除了开头两页的文字，书的剩余部分只有图片。你为什么选择这种形式来创作这本书？

奥列伊尼科夫：我觉得应该这样，这样是对的。

插画选自《狐狸和兔子》

爱阅公益：你的国家一百多年来经历了不少动荡，创作这样一本书，跟你所经历的和了解的历史，是否有联系？

奥列伊尼科夫：没有任何关系。这种矛盾冲突永远都会发生，即便到现在依旧如此，可能发生在任何国家。中国经历过的苦难也很多……

爱阅公益：在《狐狸和兔子》的最开始，你写道："为什么像熊和公牛那样强壮、高大的动物，以及像狗那样勇敢的动物，居然会害怕一只狐狸？反过来，为什么狐狸竟会害怕一只小小的公鸡？我试图在这本书里，向你解释这些'为什么'。"该如何理解这段话？

奥列伊尼科夫：这是我给出的解释。我们每个人心中都存在某种不为人知的恐惧。狐狸很清楚这一点，并完美地利用了这一点。这些出场人物当中，他们下意识地惧怕什么，狐狸就向他们展示什么。她对狗、熊、公牛都是这么做的。然而在狐狸墓地干活儿的公鸡却利用了一种更为广义的恐惧，即对死亡的恐惧。于是他战胜了狐狸。这是一个讲述恐惧的故事：我们有可能因为恐惧而被人操控。

爱阅公益：从你的画面里，能感受到魔幻现实主义、科幻、反乌托邦等风格。你喜欢的画家如昆特·布赫兹、陈志勇等也有相似的风格。

奥列伊尼科夫：是的，这些都是我最喜爱的艺术家，除此之外，还有巴里·莫泽、老怀斯和小怀斯、根纳季·别尔纳茨基等。

爱阅公益：书里的画面好像借用了不少历史和文化符号，能跟我们聊一聊这方面的思考吗？

奥列伊尼科夫：我喜欢把架空历史的故事（没有讲述具体年代的故事）与特定历史时期联系到一起，或者把它们完全放置到另一个地理空间里。我觉得这能让一本书变得更有趣。当然了，前提是原文中没有提到具体的年代。我把《狐狸和兔子》的故事挪到了20年代，而把《老鼠的房子》变成了一个现代故事。

爱阅公益：这本书的部分画面是黑白的（《老鼠的房子》也

插画选自《狐狸和兔子》

是如此）。请问使用黑白色彩的意义是什么？

奥列伊尼科夫：这就像文献资料似的，将上下文串联起来。除此之外，这样也很好看，使全书在结构上更有意思。

没有"条条框框"的"非专业"艺术家

阅读丰富了我的幻想，锻炼了我的想象力。

爱阅公益：你出生在莫斯科的卫星城吕布贝，能跟我们介绍一下吕布贝吗？

奥列伊尼科夫：这是一个小城，没什么特别。我在那里生活了二十四年，结婚后搬到了莫斯科。现在有时会去那里。父母在那里留下一套公寓房。不过我也很少去。

爱阅公益：可以跟我们分享一下你的童年时光吗？

奥列伊尼科夫：通常来说，童年总是一段色彩鲜明的回忆……我对童年的回忆也有各种各样的……好的，和不是特别好的……就像我们每个人的回忆一样。我无法将它复述……这是一种很个人的体验。

爱阅公益：听说小时候你母亲给你读了很多书，都是什么类型的书？有哪些是你印象特别深刻的？

奥列伊尼科夫：妈妈很早就教会我识字，为此我十分感激她。之后我就可以自己读所有的书了。我读了很多不同类型的书，但我最喜欢的还是幻想类的……如今，这个爱好已经没有了。幻想小说并不是严肃文学。现在我一如既往地进行大量阅读，只是不得不转向电子版本，因为纸质书已经没有空间放了。

爱阅公益：儿时大量的阅读，对你有哪些影响？

奥列伊尼科夫：大概我比那些读书不多或者完全不读书的人更博学吧，虽然很少有人不读书。除此以外，阅读丰富了我的幻想，锻炼了我的想象力。

爱阅公益：父母对你有哪些影响？

奥列伊尼科夫：妈妈对我喜欢画画这件事很支持。她不教我画画，她只是支持我做这件事。因此我画画的愿望并没有像很多人那样慢慢消失。我们所有人都会在小时候画画，对吧？但之后不再画了。而我在妈妈的支持下一直在画画。

爱阅公益：你从小就喜欢画画吗？

奥列伊尼科夫：是的，画了很多。我姐姐也喜欢画画，我就和她比赛，看谁画得好。现在她已经不在了，而我还像从前那样，和她比赛))（译者注："))"这个符号表示微笑）。

爱阅公益：听说你并没有接受过正规的美术教育，是这样吗？

奥列伊尼科夫：是这样的。我没有接受过专业的美术教育。我毕业于莫斯科化学机械制造学院。做了三年工程师之后，我去了联盟动画电影制片厂。人们有时对我说，这样反而很好，因为我脑子里没有那些条条框框，当遇到不是特别好的老师时，人们头脑中很容易被塞进这些东西。

带着动画的眼光创作图画书

我把一本书看作一部电影，
所以我笔下是一帧帧动画电影里的画面。

爱阅公益：你毕业于莫斯科化学机械制造学院的化学系，之后又当了三年的工程师。你当时具体是做什么工作？你喜欢当工程师吗？

奥列伊尼科夫：一点儿也不喜欢，但又能怎么办呢？不过，我上班时画了很多画，趁领导不注意的时候（微笑符号）。

爱阅公益：工程师的经历对你日后的创作是否有影响？

奥列伊尼科夫：没有，完全没影响。倒是在动画领域里的工作对我成为插画师帮助很大。我能够从"电影制片人"的角度从整体上审视一幅插画或一本书，在我看来，这正是我与其他很多插画师的不同之处。

爱阅公益：是什么原因和契机让你去了联盟动画电影制片厂？

奥列伊尼科夫：我离开联盟动画电影制片厂是在1989年，当时我去了另一个电影制片公司。后来，我又在好几家电影制片公司工作过。有一个叫作"克里斯特马斯"的动画制片公司的成立促使我做出离开的决定，因为那里的工作更有趣。

爱阅公益：在联盟动画电影制片厂，你参与了很多动画的制作。请问你具体的工作内容是什么？

奥列伊尼科夫：起初我担任美术导演助理，做一些背景制作方面的工作。也就是说我的工作是绘制背景，而各种情节都要在这些背景上展开。这是一项非常有趣的工作，我特别喜欢。

爱阅公益：你做了多长时间的动画？这期间动画行业经历了哪些变化和发展？

奥列伊尼科夫：从1979年到2009年，我在动画制作领域工作了三十年。这期间所发生的变化是翻天覆地的。如果说我初入行业时，一切还依靠手工制作（纸、铅笔、赛璐珞、毛刷笔、颜料、胶片等等），那么我离开时已经完全电脑化了。上面提到的那些工具已经不再使用。

爱阅公益：你参与制作的动画中有很多优秀和经典的作品，其中包括《神秘的第三颗行星》，一部非常经典的苏联时期的科幻动画。能跟我们分享一下这部动画的制作以及苏联的科幻作品吗？你后来的图画书作品也有科幻的感觉，是否受到这个时期的影响？

奥列伊尼科夫：关于《神秘的第三颗行星》的制作情况，已经是另一个话题，我没法儿在此详细讲述，尽管这是我来到动画电影制片厂后接触的第一项工作。对于当时的我来说，看什么都新鲜、激动，感觉一切都充满魔力。我仿佛在一个童话世界里工作……我加入动画电影制片厂时，这部作品已进入后期制作阶段，因此，关于它的前期制作情况我并不了解。我也不能专门在这里讲当时做这部影片的两年是怎么过的。而其他电影都不是科幻题材。所以，没什么可说的。

爱阅公益：做动画的经验对你创作插画和图画书有哪些影响？

奥列伊尼科夫：影响是巨大的。我把一本书看作一部电影，所以我笔下是一帧帧动画电影里的画面。什么是进程，什么是情节的发展，我都明白。但如今，在图书领域工作了十一年之后，我已无法（并且也没有这个愿望）再回到动画领域。动画制作当中，画家最看重的是人物形象。但对于插画和图画书来说，我最看重的并不是人物，而是构图和情绪，人物反倒退回次要位置。

创作中"神启的偶然"

我想向读者展示另一种视角的可能性，
想证明对任何事情的理解都不是唯一的。

爱阅公益：你是从什么时候开始画插画的？为哪些作品画过插画？

奥列伊尼科夫：第一次画插画是在1986年。当时我为一本名叫《米沙》的儿童杂志画了封面。我画了一个蚂蚁窝。后来，我为这个杂志画了四年的插画。当时画的基本都是连环画故事。到1990年，第一次有人邀请我去画一本书。那是一本面向初学者的、教授如何使用电脑的知识类图书，书名叫《我去了电脑城》。从此，我的图书插画制作生涯便开始了。

爱阅公益：能跟我们介绍一下这些年来，你作为插画师和图画书创作者的历程吗？你创作的主题、绘画风格等有什么发展和变化吗？

奥列伊尼科夫：我在相当长的时间里是一边做动画一边画插画的。但是，由于我没有受过美术和印刷方面的专业训练，我并不理解插画和电影画面的区别。直到十年之后，我遇到一位画家，他向我讲解了其中的奥秘。如果说此前，我理解的插画就是尽可能地把更多东西都画上去，就是追求人物形象的生动，那之后我明白了插画中最重要的其实是构图。人物形象对我来说已经退居次要，甚至更次要的位置。构图和情绪成了最重要的。不过，动画制作经历对于我成为插画师起到了巨大作用。它使我明白了什么叫动态，明白了角色的心理状态，理解了书中的叙事节奏，并能够将这些表现出来。

爱阅公益：一般来说，你创作一本书的过程和步骤是怎么样的？

奥列伊尼科夫：我会先非常认真地阅读文字内容。之后我会画很多草图，尽量构思出新的点子。看看之前已经出版过的绘本插图，这样我就知道哪些不必重复，然后创造出自己的作品。

爱阅公益：听说你画画特别快，是这样吗？

奥列伊尼科夫：是的，我不喜欢画得太久，不喜欢在一幅画上花很长时间。我不是这种性格。我不太有耐性。但是这个快的背后有着四十年经验的铺垫。所以说，我也不是从一开始就画得很快，这一切都是有基础的。除此之外，也因为我掌握了各种不同的表现手法。

爱阅公益：你为很多经典的童话和其他儿童文学创作过插画，这些故事在你之前也有其他插画家画过。你为什么喜欢画经典童话故事？在创作自己的版本时，你有哪些追求？你关注的点有哪些？

奥列伊尼科夫：是的，我特别喜欢选择那些众所周知的故事，然后用另一种方式重新讲述。因为我想向读者展示另一种视角的可能性，想证明对任何事情的理解都不是唯一的。黑色不见得是黑色，白色也不一定非得是白色。我希望孩子们（如果是童书的话）可以自己展开想象，自己去思考书中的内容，让他们明白，很多事情都存在另一种可能性，不只是作者描述的那样。另外，我不喜欢插画里那些陈规、模式和规范。这样的规范不应该存在于艺术中，而插画也属于艺术。

爱阅公益：可以看得出来，你在绘画上有自己的美学追求。比如动感、戏剧化的画面，有颗粒感、厚重的画面质感等。能跟我们聊一聊你自己的艺术美学吗？

奥列伊尼科夫：很遗憾，关于这个问题我不知道说什么。该怎么画，就怎么画。关于我在书里画什么、怎么画以及为什么这么画等问题，我从不去分析。是的，我喜欢动感（这源于电影艺术的影响），喜欢纹理质感，喜欢那种被我称为"神启的偶然"的东西，就是当画笔（或者其他什么）自己画出来斑点和形象……画笔上的毛会随机摆动……这很难用语言来描述，如果让我动手画反而更容易说明这一点。

爱阅公益：听说你用"废弃"的东西画画，用旧笔刷、小扫帚、抹布等等，是这样吗？

奥列伊尼科夫：我就是这么被训练出来的，而效果嘛，我上面也说了。那种绝妙的质感和出其不意的效果是无法一板一眼刻意画出来的。

爱阅公益：获得国际安徒生奖对你的创作和生活影响大吗？

有哪些影响？

奥列伊尼科夫：除了让我内心产生了某种满足感，没什么影响。而对我的工作本身而言，这个奖项没产生任何影响。

爱阅公益：你现在在进行哪些创作？未来有哪些计划？

奥列伊尼科夫：目前我正在为尼·库恩的《希腊神话》作画。它完全不是一本儿童读物。因为这些神话中有太多残酷的内容，只不过我们小时候没意识到罢了，就像我们同样也没有发现很多童话故事中的残酷事实一样。但是我制作插画的原则是这样的：但凡一个内容能被描写出来，那么它就能被画出来。既然作者这么写了，写主人公如何把一个人的脑袋砍下来，把这个故事公之于众了，那么我就可以把它画出来。我不理解那些说"什么玩意儿呀，这看着让人难受"的人。原文里作者就是这么写的呀……所以，要么，别说这些，要么，别读这个作者的书。

不迎合读者，为自己画画

我从来不去分析自己的作品和自己的感受。

爱阅公益：你跟很多中国作家都有合作，最早是从什么时候开始的？是怎么样的契机？

奥列伊尼科夫：我获得国际安徒生奖之后马上就开始合作了。起初，中国出版社买走了我之前的作品，后来又推荐我和出版社的当代作家合作。第一本合作出版的书是《永不停止的奔跑》，作者是曹文轩，他也是国际安徒生奖获奖者。之后我还和几位作家合作出了几本书。

爱阅公益：一般你和外国作家是如何合作的？（文字稿是会翻译成俄语给你吗？）

奥列伊尼科夫：中国出版社一般不提供俄语翻译，这一点很遗憾。他们只给我英文版本，而我要把英文再翻译成俄语。但两次翻译之后，很多细节都走样了，效果很差。最好当然还是直接翻译成俄语版本。

爱阅公益：你喜欢这种跨国的合作吗？沟通上是否会有很多不便？

奥列伊尼科夫：因为我有自己的助理，所以一切不便都由他来处理。我只负责画画。

爱阅公益：你跟中国的作家一起创作了很多具有中国传统文化特色的作品，比如郝广才的《夫子说》《熊梦蝶·蝶梦熊》《鱼之乐》等，以及和刘嘉路合作的《十二生肖谁第一》《斗年兽》等。为异国文化的故事画画，有什么特别的挑战吗？你需要做额外的功课吗？

奥列伊尼科夫：中国文化如此深奥、细腻、多面，我的时间和精力根本不足以用来研究它的博大精深。所以我每次都要告知出版社，我画的并不是现实里的中国，包括那些服装和民俗……它是对中国的某种想象。它们并不存在于现实当中，而是来自外部的想象，只不过有一种修辞上的相似，而这些，当然并不是真正的中国。

爱阅公益：当你创作中国传统故事时，是希望尽可能地呈现出中国的感觉，还是会有意识地加入个人的风格和创新的元素？

奥列伊尼科夫：我不知道所谓的中国的感觉是指什么，也不知道中国读者如何看待我的作品。我是一个欧洲人，所以我按照欧式的方法来画画。迎合读者并不是我的原则，我只按自己的方式画。人们可以接受这样的我，也可以不接受。试图迎合读者口味，不会有

注：全文中《夫子说》（郝广才著，[俄]欧尼可夫绘）的图片来源于新星出版社。

任何好结果。那样既没有诚意，也不诚实，还不自然。而这些都是无法掩饰的。所以我总说，我为自己画画。

爱阅公益：在《夫子说》里，你把孔子和孔子的学生都画成了动物，为什么这么设计？

奥列伊尼科夫：这完全是作者的想法。书名叫作《孔子熊猫》，里面所有的人物都被写成了动物。这不是我的创意。

夫子说："蚱蜢的眼光短浅，没有想长远，来不及准备食物，但是蚂蚁不给蚱蜢食物是对的吗？"
乐山说："别人对我不好，我还是要对他好吗？"
夫子说："不是，别人对你不好，你不必对他好。但是做人做事有一定的道理，看到别人有困难、有危险，可以见死不救吗？"
乐林说："不可以！"
夫子补充说："对，蚂蚁应该帮助蚱蜢过冬，这不是要对蚱蜢好，而是任何人有危险，就算他是陌生人，都应该帮忙。好像做医生的，不管病人是好人还是坏人，都要把他的病医好。救生员不管溺水的人是好人还是坏人，都要把人救起来。"

插画选自《夫子说》

爱阅公益：当你用自己的图画表现和诠释传统故事时，你有什么样的创作理念？

奥列伊尼科夫：我无法回答这个问题。我再重复一遍，我从来不去分析自己的作品和自己的感受。

爱阅公益：你和中国作者合作了这么多本书，有哪一本或者哪几本是你最喜欢的吗？为什么？

奥列伊尼科夫：为了不让其他出版社难受，我最好不回答这个问题。当然是有的，还不止一本书。

爱阅公益：能谈谈你眼中的中国和中国文化吗？

奥列伊尼科夫：博大精深，古老而精致。对我来说，它简直超出了我的理解范围，而这使它显得更加迷人了。

采访时间：2020 年 9 月

本文译者
中译俄：金凤
俄译中：王忆南

常立

我试图在各个方面去做尝试

常立

寻找童书的真生命

　　我对"常立"这个名字熟悉起来，是从图画书里的导读开始的。写导读的人很多，但不知道为什么，常立的文章总能给我留下很深的印象。或许是因为他总能抓住作品的精髓，切中要害，提出的阅读角度和理解能给人不一样的启发。

　　常立是浙江师范大学儿童文学研究中心的副教授，他喜欢为自己真正欣赏的作品写导读，从文学批评的角度来看，他认为这是"天经地义"的事情。

　　对常立有更多的了解后，我发现他可以称得上是一位"斜杠青年"。从计算机专业本科毕业后，常立"弃理从文"，在儿童文学研究、童话创作、图画书创作、翻译、文学批评等多个领域齐头并进。对常立来说，这些工作不仅都是他感兴趣乐于去做的，还可以相互生发，相互促进。

常立的儿童文学写作从童话开始，那时候他的儿子笑笑刚出生不久。创作的前四年都苦于找不到发表的渠道，投稿连连碰壁。不过，常立从未因此有过停止创作的想法。转机在2012年到来，在那之后，常立的作品陆续有了发表和出版的机会。他的故事带领孩子进入异域冒险，倾诉那些"美好而难以实现的愿望"，以童话的方式抵达现实。

七年前，常立还对图画书了解甚少。当他有了要创作图画书的想法后，阅读大量的理论书籍和优秀作品，向彭懿等前辈请教成了他的必修课。现在常立已在图画书研究方面颇有建树。谈到图画书研究和创作的关系，常立说："因为我在做这方面的观察、研究和思考，我在创作中才会有更多的方法和技巧。"

近些年来，常立的图画书作品接连面世，有的已经获得大奖。谈起自己的创作"版图"，常立激情满满。在他还不算太长的图画书创作生涯里，常立已努力从各个方面进行了尝试，不仅不重复自己，还在前人的基础上进行了创新。这一点让我想起了他的好友、师长彭懿。

此次采访，我与常立进行了一个上午加一个下午的谈话，是目前为止我的采访中耗时最长的。我对常立各个领域的工作都十分好奇，哪一个都不舍得落下。常立则敞开心扉，知无不言。在长谈中，我们既可以看到一个有敏锐思维和观察力的学者，也可以看到一个充满热情、步履不停的创作者。

从计算机毕业生到儿童文学作家

> 北京邮电大学人文图书资料室里面的书，
> 大部分我都翻过。

爱阅公益：从计算机专业本科毕业之后，你为什么改读了文学博士？

常立：我是1994年河南省的考生，当年考大学选专业时还比较懵懂。那时候，计算机已经开始流行了，我自己虽然没见过，但还是听过的。我知道很多成绩好的人都报考计算机专业，我的成绩还不错，所以也想学计算机。最终我选择了北京邮电大学，因为它的很多专业都跟计算机相关，不怕被调剂。

到了一个新专业，就跟着接触、了解、学习。我一直到大三都还懵懵懂懂的，只是觉得未来做这个也未尝不可。

大三暑期我在电信局实习，实习的生活让我觉得，未来自己所期待的工作和生活不是这样子的。当时，计算机系的毕业生有两种常见的出路：一种是回电信局，一种是找个电脑公司上班。我发现两种都不是我想要的，可以说是自己的一次觉醒。也是那个时候我才想起来，自己一直以来的兴趣是文学。

大三的时候，我做了一个决定，考文学系的研究生。我本来做好了尝试三年的心理准备，万分幸运的是，第一年就被复旦大学中文系录取了。我读完硕士还想继续读书，就继续读了博士。

爱阅公益：作为文学爱好者，你会做些什么？

常立：主要是阅读和写作。我从小学到高中都没间断过课外的文学阅读，我们那时候不像现在的中小学生，学习压力这么大，我们有比较多的属于自己的时间。我们学校离焦作市图书馆不远，我经常放学后就跑到图书馆借一本小说，晚上看完，第二天放学还掉，然后再借一本。

到大学以后就更"放飞自我"了，北京邮电大学人文图书资料室里面的书，大部分我都翻过。

我可以说是中国的第一代网民，1996年就开始上网络论坛（BBS）。当时有很多网络写手，我也在网上连载武侠小说，还跟别人一起搞写作接龙，等等。

爱阅公益：哪些作家对你影响比较深，或者你特别喜欢？

常立：大学阶段，国外的作家中，我特别喜欢卡夫卡、胡安·鲁尔福、博尔赫斯、伊塔洛·卡尔维诺……国内的话，我比较喜欢鲁迅、王小波、朱文、韩东……这个名单其实也在不断变化，如果现在列，国外的我会再加上塞万提斯、博胡米尔·赫拉巴尔、马塞尔·埃梅等，国内的我会再加上废名、康赫等。

爱阅公益：后来真的去文学系学习和研究，会不会跟期待的有出入？

常立：还是有出入的。我那时候最感兴趣的是创作，本来期待读中文系可以自己写东西。在复旦大学研究生的开学典礼上，作为教师代表发言的吴中杰老师好像知道我们的想法似的，他说，他知道有不少人来到中文系读书是想当作家，但是中文系不培养作家，培养的是文学批评家。我当时坐在那儿，感觉一盆冷水哗地浇了过来。

虽然跟自己期待的不太一样，但后来我发现，文学批评和文学创作并不完全矛盾，甚至如果处理得好，有可能相互生发，相互促进。我现在也一直在创作，算是初心不改吧。

爱阅公益：在转向研究儿童文学之前，你的主要研究方向是什么？

常立：我硕士和博士的专业是中国现当代文学。读硕期间，我研究的是中国现当代作家的传记写作。读博时，我研究南京作家群，韩东办了一个民间刊物叫《他们》，我主要研究这本刊物。

毕业后刚来浙江师范大学工作的时候，我在戏剧影视文学系当老师。我对影视非常感兴趣，所以刚开始的四年，教了不少电影与戏剧编剧方面的课。到2008年，由于院系调整等原因，我的专业方向转到了儿童文学。我本身对儿童文学就有兴趣，再加上2007年我的第一个孩子笑笑出生，以及我经常和儿童文学作家张嘉骅老师交流，当时他是我的同事、邻居，我的兴趣就更加浓厚了。

我自己的儿童文学写作从2008年就开始了，但是2012年之前没怎么发表过。除了两篇小童话在《东方少年》和台湾地区《国语日报》上发表，其他的投出去后大都石沉大海。

直到2012年，我接到《少年文艺》的编辑周国愉老师的电话，他说看到我投的一篇童话，非常喜欢，觉得需要和作者电话交流一下。我当时还挺惊讶的，觉得编辑和作者之间的这种交流好像是传说中才会发生的事。

周老师问我有没有其他的作品，我说有，就都发过去了。周老师在2012年和2013年陆续发了多篇我的童话，从那以后，可以说，我的作品的发表道路算是比较顺了。

2012年我还认识了一些现在都保持着联络的好朋友，比如蔡朝阳和郭初阳两位老师。他们当时准备写一套书，叫"新童年启蒙书"系列。后来我跟他们合作，出版了童话集《从前，有一个点》。

爱阅公益：2008年开始写童话，到2012年才有比较多的发表机会。这四年之间，你有过不想写的想法吗？

常立：从来没有过不想写的想法，但是有过不投稿的想法。有一段时间，我写完就不投稿了，老投不中也会有负面情绪。但是我的妻子黎亮还帮我继续投着，也是因为她，才有了后来《少年文艺》周国愉老师的回应。

爱阅公益：写完以后会读给你的儿子笑笑听吗？

常立：会的，我最初的两个读者，一个是我的妻子，一个是我的孩子。

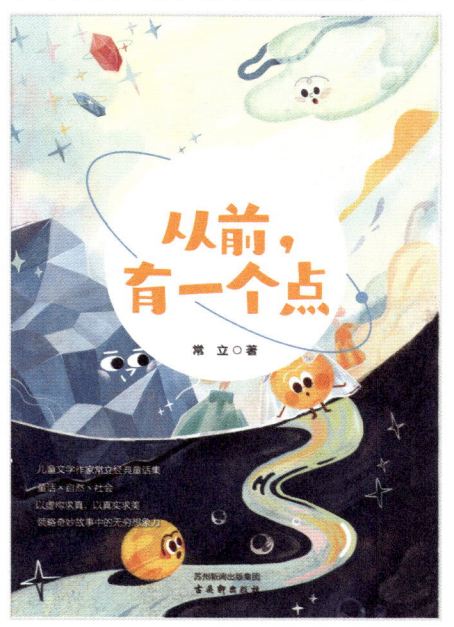

爱阅公益：当时写的童话是基于对笑笑生活的观察吗？

注：全文中《从前，有一个点》(常立著)的图片来源于苏州新闻出版集团、古吴轩出版社。

常立：当时我写的主要是两个系列，一个系列是《从前，有一个点》里面的十五篇童话，另外一个系列是"笑笑爱成长绘本"系列，里面有五个童话故事。"笑笑爱成长绘本"系列讲的都是笑笑学龄前的一些事情，比如他不爱睡觉，他逆反期喜欢说反话，等等。我在《东方少年》发表的第一篇童话就是《笑笑爱说反话》。

这五个故事写完以后，我收获到最重要的词语是"等待"。儿童的成长中，很多时候强力干涉也没什么作用，甚至还会起反作用，最好就是等待。这一点在我的故事里也有体现。

文学与科学的呼应和交融

在科学的梦里写一个美字，
在童话的梦里写一个真字。

爱阅公益： 你为什么喜欢创作童话？童话这种文体吸引你的地方在哪里？

常立： 首先，我觉得跟童年的阅读记忆有关。记得在小学三年级的时候，我从同学家里借到一本书，名字叫《彗星来到木明山谷》。现在新版的书已经把"木明"翻译成"姆明"了。

我其实读不太懂，但印象深刻。因为那是我第一次在书里见到"蜥蜴""天文台""彗星"这些词语，给我带来了很大的冲击，我尝试想象小城之外的广阔世界，它们是什么样子。

后来我又读了一些书，比如《狮子、女巫和魔衣柜》《爱丽丝漫游奇境》等等，都给我的童年打开了一扇又一扇门，给我带来了很大的快乐。

到了初一，我读了一本书叫《时间之谜》，现在翻译成《毛毛》，这本书也给我留下了深刻的印象。我虽然当时读不太懂，但是上了大学读到卡夫卡、博尔赫斯、伊塔洛·卡尔维诺的时候，反过来再重新读《时间之谜》，就能理解得更透彻了。正是因为读过《时间之谜》，我对卡夫卡这些作家没有陌生感，可以很好地进入他们开辟的文学空间。

因为童年时童话对我的影响，我写童话也可以说是一种情感的呼应吧。

我觉得童话的文体跟诗歌有点儿相像，既简洁又丰富，既轻盈又深沉。我喜欢这种感觉。在童话里，有多重美学的叠加。所以，童话是我比较优先考虑的一种文体。

爱阅公益：你刚才说看《时间之谜》的时候不太看得懂，但是这本书仍然给你留下了很深的印象。具体是哪方面呢？

常立：情绪上的和思想上的冲击都有。关于时间哲理方面的，我当时不太懂，但是书中塑造的灰衣人形象给我的冲击太大了。我觉得这种形象非常特别，但当时又不知道寓意何在。到了大学我读卡夫卡的小说，就发现灰衣人仿佛是从卡夫卡小说里走出来的人物。

爱阅公益：《从前，有一个点》是以童话和科普知识结合的方式写的，每篇童话后面还配有知识性的介绍，这是一个很新颖的方式。为什么会想到用这种方式写作？

常立：当时郭初阳、蔡朝阳几位老师想出一套"新童年启蒙书"，里面会介绍不同领域的知识。他们找到我，希望我可以加入进来。除了文学，我自己其实也蛮喜欢科学著作的。我们知道新文化运动讲"德先生"和"赛先生"，"德先生"是民主，"赛先生"是科学。郭老师从"德先生"这个角度入手，我想总得有一个"赛先生"吧。但因为我是文学爱好者，又不想写一本纯粹的科普书，所以就想着把科学和文学连接起来。我自己还想了一句话："在科学的梦里写一个美字，在童话的梦里写一个真字。"

在这句话里，我特意强调了文学和科学本身不太强调的那一面。科学和文学在一定程度上是可以交融的，甚至在美学上也是可以呼应的，并非人们一般认为的那样泾渭分明。就像济慈在《希腊古瓮颂》里所说的："美即是真，真即是美。"

我想，一种文体可以一半是童话，一半是关于自然科学或人文科学的知识介绍。我想让知识作为一种背景存在，而不是把知识赤裸裸地直接放在故事里，这样可能会损害童话本身的艺术性。

这本书里的童话有的是我之前写的，有的是为这本书创作的。有了成书的想法后，我有意识地改写了之前的童话，希望最终呈现出一个完整、严谨的面貌。

爱阅公益：知识性的部分是你后来再去研究了解的，还是之前就有积累的？

常立：有一部分是积累的，有一部分是新学习的。我自己是比较依赖于阅读的创作者，在很多情况下，离开阅读我就觉得缺了一条腿，没办法创作。创作的时候，我会找来与题材相关的材料大量阅读，从阅读中抓住灵感，再把它变成故事。

以我今年出版的"动物来信"系列为例，我首先读了大量关于动物、自然科普方面的著作，然后在许许多多的动物里面，挑选了六十四种能够激发出故事和想象的动物。

跟出版社签了"动物来信"的合约后，有整整一年的时间我都在读相关图书。直到2020年春节期间，我才觉得读得差不多了，可以开始写了。

当然，除了阅读，有了孩子以后，有的灵感直接来自跟孩子的相处。这是我创作选材的两条主要途径。

爱阅公益：一开始为什么会想到创作"动物来信"这样主题的图画书？

常立：最早是编辑门淑敏找到我，说有一位画家画了一百张动物的肖像画，希望能给每个动物配一篇文字，表达一下动物的心声。

我一听觉得挺有意思，编辑就让我写一个样章。我挑选了乌鸦来写。写的时候，我情不自禁地加上了很多好玩儿的故事，但可能超出了编辑原来要求的内容。

乌鸦是食腐动物，它会使用工具，也擅长合作，会把猛兽引向猎物，这样只要发生杀戮，乌鸦就有腐肉吃了。

我联想到第一次世界大战的导火索是斐迪南大公被刺杀，而斐迪南大公是受到了邀请，才去的萨拉热窝。我觉着这很像乌鸦的诱杀。我因此想到让乌鸦给斐迪南大公写一封邀请信，邀请他去参加阅兵仪式。这样很自然地，人文和自然就联系到了一起。

我一口气写了一两千字，但这样就不太符合原来的画家的想法了，所以这次的合作没有成功。我说那也没有关系，我的构思已经比较成熟了，我自己来写一套动物来信吧。我希望可以用网络状的结构搭建起科学和人文的桥梁，探讨人和自然的关系。

注：全文中"动物来信"系列（常立著，王天宇绘）的图片来源于北京联合出版公司。

爱阅公益：读你的书总会觉得你知识特别渊博，什么都知道。有没有什么阅读方法跟我们分享？

常立：我到现在还是保持着自己在中小学时的阅读状态，其实没有太多技巧，就是随心所欲的方式。

我知道有很多阅读方法，比如做读书笔记、思维导图等等，但是到目前为止我都没有运用过，唯一用的方法是看到哪里写得好，就把那一页折起来。

对我来说，拿起一本书，就像邂逅一个有意思的人，建立一段情感或者认知的连接。我会放空自己，让自己进入到书里去，觉得好的话就一拍大腿，把这一页折起来。我比较享受这种不带学习和创作目的，纯粹为了嗜好而阅读的感觉。

在写作的时候，如果需要精确的表达，我就会循着脑子里朦胧的印象，去找我读过的书。如果不需要精确的表达，我就会根据已有的印象去写。

在阅读的过程中，肯定有大量在脑海中产生的火花转瞬而逝，我在这方面比较随缘，消失了就消失了吧。又或许在未来的某个时刻，我读过的、以为早已忘记的东西还会重新闪现。

我的这种阅读还有一个好处，虽然我可能对某些东西的记忆不够深刻，但我有更多的时间去读更多的书。

爱阅公益：你会像有的作家一样，想到什么灵感，就在本子上记下来吗？

常立：这是有的。我可能不会走到哪里都带一个小本子，但我也有一个创作笔记本，用于记录故事的想法，本子上写的字大概只有我自己能明白。我大量的故事都是从这种粗糙的笔记里延伸出来的。

在选择笔记本的时候，我习惯用小孩子写作业的普通练习本。如果拿着特别好的本子，我就不好意思在上面胡涂乱画了。拿着练习本，我就有了胡涂乱画的冲动，这种毫无顾忌的状态，对我的创作可能也有帮助。

爱阅公益：又回到了小时候的那种感觉？

常立：但不是写老师布置的作业。不过你这么说也有道理，因为小时候我就喜欢在本子上写东西，有时候是诗歌，有时候是小故事。

写表达美好愿望的童话

目前我们反映当下儿童真实状态的作品是不是有点儿太少了呢?

爱阅公益:你有一本童话集叫《很久很久以后》,里面的童话都以"很久很久以后"开头。这有什么寓意?

常立:我在写《从前,有一个点》的时候就有一个想法,想把每个故事的开头都设计成"从前有一个……",用任何名词替换这个省略号,我都可以把这个名词转换成童话。不过,这个想法在《从前,有一个点》里没有彻底执行,因为有一些故事并不涉及"从前"。

"从前"这两个字一出现,就立刻把我们拉到了一个遥远的地方,与现实区隔开来,这是童话发生的地方。其实"从前"就相当于告诉孩子,现在我们开始冒险了。这个冒险非常刺激,但又非常安全,因为它是"从前"。

在写第二本书的时候,我不想重复。于是,我想,跟"从前"相对的是什么呢,那就是"很久很久以后",如果把时间拉到遥远的未来,又会有什么样的效果呢?

注:全文中《很久很久以后》(常立著)的图片来源于浙江出版联合集团、浙江少年儿童出版社。

虽然是"很久很久以后",但是我并不想写成科幻作品,我还是要保持童话的面貌。在一定程度上,"很久很久以后"跟"很久很久以前"的功能是相似的,但又有不同的地方。故事虽然发生在遥远的未来,但是一定要有现在的影子,并且包含了对现实的思考和审视。所以每一篇童话的最后,我都以"就跟现在一个样儿"结尾。

爱阅公益:你的不少故事里加入了大家熟知的经典人物或情节,并在此基础上新编,这是为什么?

常立:因为一旦是"很久很久以后",还有什么是不可能的呢?童话写作的常规套路对我来说就不存在了,我可以任性地来重新组合。比如有一篇童话叫《永远讲不好的故事》,里面就有大量其他童话和幻想小说里的人物出现,但是他们做的事情跟在"很久很久以前"的故事里做的不一样。比如田螺姑娘不想变姑娘了,小王子不想离开自己的星球了。当所有角色都不想被讲故事的人安排,都有了自己的个性和想法,这个故事就变成了永远讲不好的故事。

爱阅公益:你喜欢写带有哲理意味的童话故事。比如《光明国的黑暗故事》里对黑暗和光明的探讨,《巴巴国的冒险故事》里对找到自我的思考,等等。这么做是觉得童话应该蕴含更高层次的东西吗?

常立:我在创作的时候,通常会假想多个层次的隐含读者。首先我的作品是儿童文学,我设想的隐含读者里面肯定有当下的儿童,我会带着如何吸引当下儿童的想法去写作。

我的隐含读者还有成长中的儿童,或者说是渴望成长的儿童。

就像多年前的我，对一些不懂的事物仍保有强烈的兴趣，而在未来的某个时刻，这些曾经不懂的事物会被从某处而来的光照亮。

另外，我的隐含读者里也包括成年人。那些还没有忘记童年的成年人，他们还有回到童年的冲动，还会在童书中得到力量和安慰。

写童话故事的时候，我是面向这三重读者去写作的。

爱阅公益：想好以"很久很久以后"作为开头，以"就跟现在一个样儿"作为结尾以后，中间这些"稀奇古怪"的故事是怎么想出来的？阅读也是获取灵感的主要方式吗？

常立：阅读肯定有帮助。比如我刚才提到的《永远讲不好的故事》里就有很多其他故事中的人物。再比如《光明国的黑暗故事》跟《东方故事集》里的《王佛脱险记》密切相关。我故事里的画家的名字就叫王佛。

这其实是一种后现代拼贴的手法。我选择的人物或者情节片段都不再是他们原来的意思，而是生成了新的意思，可以跟原来的作品进行对话。不管创作材料来自何处，最终要看有没有讲出你自己想讲的东西。

除了阅读，当然也有来自生活的感受。比如《光明国的黑暗故事》里，如果光明无处不在，所有的黑暗都消失了，会给人类社会带来什么？这是一个很现实的思考。在《巴巴国的冒险故事》里，如果每个人都变来变去，真正的自我哪里去了？在《考考国的失物之歌》里，一切都以考试来衡量。这是很久很久以后发生的事，又何尝不是此时此刻发生的事。

不是只有写实主义才能通达现实，用童话的方法也可以。

爱阅公益：很多时候一个童话故事之所以打动我们，正是因为我们看到了现实的映照。当你自己创作和阅读别人的童话的时候，会用哪些标准评判一个童话的好坏？

常立：一是我刚才说的，童话应该简洁而丰富，轻盈而深沉。

二是我会考虑童话之所以在人类社会代代流传，是因为它讲出了人们在现实当中那些美好而难以实现的愿望。所以我的童话也会倾诉梦想和愿望。

在现代人类文明里，几乎每一种我们认为美好的事物或者价值，都曾经是难以获得或者实现的。这些东西经由童话表现出来，慢慢地，梦变得越来越真实，然后变成现实。这是童话要承担和背负的一种功能，这种功能古来就有，我们今天的作者也有义务把它延续下去。

除此之外，我还会关注一些技术上的细节。比如，一个童话有没有对现实提出一些质疑或者批评。或者一个童话里有没有反讽，在事实和表象之间是否呈现出种种差异，让作品读起来更好玩儿、文学性更强等等。

爱阅公益：谈到童话的时候，你常引用切斯特顿所说的："童话其实最真实不过：不是因为它告诉我们恶魔是存在的，而是因为它告诉我们恶魔是可以战胜的。"如何理解那些以悲剧结尾的安徒生童话？这会让人觉得恶魔赢了吗？

常立：当然不会。我们知道恶魔是难以战胜的，取得胜利的唯一方法，是与恶魔不断地搏斗。

生活中的恶也是这样，你不可能一劳永逸地战胜恶，战胜恶的唯一方法就是和恶不断地搏斗，有一点儿像西西弗斯推石头上山，像精卫填海。这才是人类与恶斗争的真实状况。

童话作品不是不能以悲剧来结束，而是不管以喜剧还是悲剧结束，你有没有给读者留下战胜恶、超越恶的可能，这才是最重要的。

比如读完《卖火柴的小女孩》这个以悲剧结尾的故事，你会对她的遭遇产生同情，这种同情会激发出善的力量。正是因为小女孩最后的结局是死亡，她燃亮火柴后映射出的内心愿望，才格外动人。小女孩的死也让我们产生了对现实强烈的质疑和批判，这种质疑和批判会让我们的生活变得更美好。

就像王小波在《万寿寺》里说的，虽然最后"一切都在无可挽回地走向庸俗"，但故事本身充满无限的可能，跟庸俗抗争的过程是值得珍视的。

再比如《海的女儿》也是悲剧的结局，但是最后她获得了成为人的可能性。我们看到了海的女儿对爱的坚持、对善的坚持。

爱阅公益：所以说不管结尾是喜剧还是悲剧，重要的是在讲故事的过程中，我们可以看到正面和美好的价值。这就让我联想到，你曾说过："理想的儿童文学应当百无禁忌，什么都可以被书写，关键的问题是'如何写'而不是'写什么'。"

常立：文学创作肯定要有创作的自由，不能说是因为我们写的是儿童文学，就这也不能写，那也不能写，这也要审查，那也要审查，所有的手脚都被束缚了。外在的这些限制，从创作的角度讲，总的来说弊大于利。

从学术的角度讲，儿童文学的写作是面向想象中的儿童，并不是面向真实的儿童，因为真实的儿童没有办法一一触及。既然是面对想象中的儿童，那么我们想象中的儿童应该是什么样子，他们需要成长为什么样子，这就很重要了。如果我们的作品中传递的都是对现实的无力感，即使是很糟糕的现实，儿童也无力去改变，我觉得这就不是我想象中儿童的样子了。

我想象中的儿童应该更加独立，更有判断力，更有想象力，更有冒险精神，更有探索精神，更加善良，能够决定自己的命运。那么我在写作当中，就会去考虑我怎么样能够把我想象的这些东西传递出去。哪怕这个故事是一个悲伤的故事，这些东西仍然可以被传递出去。

从技术细节层面来说，以暴力为例，暴力并不是不能涉及，但是写作的时候需要注意分寸与平衡。比如在我的童话《爱砍脑袋的公主》里，我不会写砍脑袋的细节，也不会让暴力成为我去张扬和赞美的东西，我会把"砍脑袋"处理成具有象征意义的行为。

不过，如果我们把儿童理解为广义的零到十八岁，到了初中、高中，已经不需要有太多限制了，跟成人的阅读没有太大的区别。

爱阅公益：在一定程度上，这也是童书分级的问题？

常立：如果能够科学有效地分级，那肯定很好，不过这个事情挺难的。

有一些涉及暴力、性等不太适合孩子阅读的作品，也没必要在市场上强力禁止，但需给出提示，让大家可以自由选择。但是我比较反感的是某些"神秘之力"把这些书推到学校里去，变成小学生的必读书目。

爱阅公益：说到假想中的儿童，你曾说过："在写作实践层面，从'儿童本位'出发，可能只是从成人假想中的儿童本位出发，并不必然导致为真正的儿童服务并满足儿童的真实需要。"这个意思是不是说，虽然写作时我们都是面对假想中的儿童，但有的人假想出来的儿童并不符合真实儿童的需求？

常立：我们每个人都是面对自己想象中的儿童写作，但我们想象中的儿童到底是什么样子的？比如，他们是几十年前的儿童，还是当下的儿童？如果是当下的儿童，我们是不是应该去了解一下当下的儿童？他们真实的困境是什么？目前我们反映当下儿童真实状态的作品是不是有点儿太少了呢？

这个问题也影响着我的创作，我会思考我想象中的儿童是不是有真实儿童的影子，是不是和真实的儿童比较贴近。

爱阅公益：你写过一篇文章叫《当下原创儿童文学中的"怀旧"书写问题》。现在有很多作家以回忆自己童年的方式创作，你怎么看这种现象？

常立：这种写法我是可以理解的，也不否定这些作品存在的必要性。我写这篇文章的初衷是觉得，在我们中国当下的儿童文学创作里，这种写法未免有点儿太多了，成了某种主流。这是值得我们新的写作者思考的问题，我们要不要很快也走上这样的道路呢？这也算是对我自己的一种提醒吧。

整个儿童文学界在一定程度上也要去做平衡，去更多地关注那些面向当下的、未来的孩子的写作。

爱阅公益：你觉得一些传统的民间故事、童话故事还适合当今的孩子吗？如何看待某些经典童话里的女性常被刻画成等待被救赎的、无力抗争的形象？

常立： 从学术上看，民间故事或者民间童话在不同时代是在不断变化的。美国的社会学家曾做过一个研究，沿着一条铁路在各个村庄城镇收集同样的故事，发现同一个故事已经衍生出了不同的版本，正好跟不同地域的文化特征相关。

从历史的角度来看也是如此，比如我们中国的八仙故事，它在不同的时期就不一样，甚至连八仙是哪八个仙都不一样。

民间故事和民间童话是口传文学的一部分，所以一直都有这种流动性。后来一些文人参与到了民间故事的搜集、整理和讲述中，就把一些故事定型化了。但定型的过程是很复杂的，比如《格林童话》在定型之前所做的重大修改应该就有六七次，历时十多年，才成为我们今天读到的样子。

因此，我觉得民间故事的讲述并不一定要完全遵循某一个"原汁原味"的版本。当我们今天再去重讲这些传统民间故事的时候，更应该考虑的是当下和未来的孩子。我们把以前的故事再拿出来给今天的孩子阅读，并不只是为了让他们在"曾经有过好故事"这件事上顶礼膜拜，而是希望这些过去的好故事能够真正活起来，在当下和未来的孩子心中生根发芽，成为他们成长的一部分。

从这个角度来讲，家长给孩子读经典故事，可以照着原文讲，也可以加入自己的想法。如果有的家长觉得不敢随意加入想法，也可以给孩子多读一些不同的版本，比如《灰姑娘》《小红帽》等等都有不同版本，或者把多种不同类型的故事一起读给孩子听。这样就能在很大程度上解决一些传统经典故事不合时宜的问题。这样孩子就不容易形成刻板印象，不论是性别的、种族的，还是其他历史原因造成的刻板印象。

爱阅公益：所以你还是比较鼓励在传统故事的基础上做改编的，文化的传承并不一定是要原封不动地继承。

常立：作为一个创作者，我是这么认为的。把故事原汁原味地保存下来，最大的意义可能是研究上的意义。我们已经从民间采集了很多故事，估计就是专门做这方面研究的人也看不完。

希望作家们可以把中国传统故事里真正好的故事梳理出来，比如具有我们中国特有的想象力的，能够表达中国人内心深处美好愿望的，然后用适合今天孩子的方式重新讲述，变成新的故事，就像陈梦家诗歌里说的那样，"总是古旧，总是清新"。

我自己曾改编出版过一套书叫《八仙的传说》，就是秉承着这样的原则。最近我也一直在做相关的事情，明年应该会有两本这样的图画书出版。一本是我和马玉老师合作的《哪吒》，一本是和陈露老师合作的《百鸟衣》，两本书都是用这种方法重新讲述老故事。

爱阅公益：哪吒大家都很熟悉了，你的改编思路方便"剧透"吗？

常立：这个故事的写作时间比电影《哪吒之魔童降世》上映还早了半年。电影上映后，我第一时间就去看了，看完后觉得电影的改编还有一些进步空间。虽然电影用了哪吒这个IP，但是回避了哪吒故事里最具有特点的部分。哪吒是一个有着弑父行为的神仙，这在中国神仙中是罕见的。如果在改编故事的时候，把这个点改成父子

情深，我总觉得有一些"遗憾"。

我自己的改编比较注意这一点，不仅不回避父子冲突，还会把它强化。而父子之间剧烈冲突的情境在我们的历史上其实一直都有。

哪吒故事改编的第二个难点是哪吒的自杀，但是如果把哪吒剔肉还骨的戏改没了，就没有意思了。所以我想了好久应该怎么处理。请允许我在这里先卖个关子，等到出版的时候再揭秘吧。

注：全文中《哪吒》（常立文，马玉图）、《百鸟衣》（常立文，陈露图）的图片来源于天津出版传媒集团、天津人民美术出版社。

不断尝试的图画书创作

我不是那种天才型的作者，
接触一种新的文体，肯定需要学习。

爱阅公益：你近几年是更侧重图画书的创作了吗？

常立：其实也不是，应该还是齐头并进，只是这几年陆续出版的图画书会比较多。一本童话集由多篇童话组成，所以呈现出来的节奏会慢一些。

爱阅公益：早期，你有一套图画书叫"神奇故事"系列，是选了《从前，有一个点》里的三篇童话改编成了图画书：《变来变去的小爬虫·龙的神奇故事》（以下简称《变来变去的小爬虫》）、《魔术师的苹果·质量的神奇故事》（以下简

注：全文中"神奇故事"系列（常立文，王登科图）的图片来源于天津出版传媒集团、新蕾出版社。

称《魔术师的苹果》)、《好买卖·货币的神奇故事》(以下简称《好买卖》)。这个改编过程是怎么样的?

常立:《从前,有一个点》出版之后,当时编辑吴嫦霞跟我说,这里面的一些故事可以拿来做图画书,我就从里面挑选了三个,改成了图画书的脚本。我们请了书法家王登科老师来合作,经过三年时间,到2016年画完。最后,这三本书由新蕾出版社出版。

从这三本书可以看出来,我们在图文叙事上是有阶梯式的进步的。做第一本《变来变去的小爬虫》的时候,我们主要关注基本的构图不要出错,以及大怪物形象的渐次生成。到了第二本《魔术师的苹果》,我们就在图画里面安排了更多的隐藏线索。做到第三本《好买卖》的时候,我们在画面里安插了好几个平行的故事。文字里讲的是兄妹两人做买卖的故事,在图画里,我们增添了一只狼,它慢慢地向人类靠近,最后成了兄妹俩的朋友,这其实是一只狼如何变成狗的故事。再比如在画面里,妹妹总在四处看,仔细观察,读者最后会发现,所有她看到的元素都变成了她画画的材料。她最后创作出来的大魔王肖像画,就取材于她在路上看到的东西。这又是画家怎么画画、作家怎么写作的小故事。

这三本书做完以后,我觉得自己对图画书的创作变得更胸有成竹一些了。

爱阅公益:"神奇故事"系列算是你最早创作的图画书吗?

常立:最早的应该是"笑笑爱成长绘本"系列。不过那时候我对图画书还不太了解,只是提交了故事,最后出版的书是比较简易的形式。希望正在重新绘制的新版会是当之无愧的图画书。

在做"神奇故事"系列的过程中,我还给连环画出版社的"非遗文化系列绘本"写过一个故事,叫《野老虎》,是关于布老虎和自由的故事。

后来我就开始做一些民间故事的改编了,比如《八仙的传说》九本书、《壶公》等。再后来我创作了一些低幼图画书,比如《如何让大象从秋千上下来》《病毒的悄悄话》。

这些是已经出版的书籍,除此之外,我还做了其他不同的尝试,未来可能会陆续出版,我在这里也简单介绍一下。

三四年前,上海长宁区特教中心的夏峰主任跟我聊起融合教育的图画书,我觉得很有意思,就写了三个图画书的脚本,分别是讲视力障碍、听力障碍和智力障碍的,分别和茶叉、杨博、张帆合作,将由上海教育出版社出版。

我跟乐府文化合作,又从《从前,有一个点》里选了三个故事做成图画书,预计2021年可以出版。

我跟浙江少年儿童出版社合作了一套关于国宝的图画书,书里讲了六个小学生穿越到六个不同的朝代,去寻找六个不同的国宝,最后他们都找到了比国宝更重要的宝藏。这一套书也做了有三年了。

另外,我还做了一套图画书,是对中外文学名著的重新讲述。第一辑我选择了四个名著故事,分别是《堂吉诃德》《白鲸》《聊斋志异》《仲夏夜之梦》。我把这些名著全部重写成当下中国孩子的故

注:全文中《病毒的悄悄话》(常立文,欣然图)的图片来源于新星出版社。

事。重写的故事跟名著有精神上的联系，但肯定不是缩写，也不是改编，而是一种对话。

最近，我还在写一套有关批判性思考、信息素养的书，会再次跟"动物来信"的绘者王天宇合作。

所以你可以看到，我试图在各个方面都去做尝试。

爱阅公益：听你说了这么多，你是不是灵感特别多，写故事写得特别快的那种人？

常立：我应该是灵感特别多，但写得不是特别快。

爱阅公益：我个人特别喜欢你的《如何让大象从秋千上下来》，想请你聊一聊这本书的创作过程。

常立：原来我们住的小区有一个小孩子玩的地方，我和妻子有时候会带着我们的第二个孩子好好去那里玩。

小朋友们多的时候，玩秋千要排队，有一次有个小女孩怎么也不肯从秋千上下来。最后我妻子想了个办法，一直夸那个小女孩，夸得天花乱坠的，小女孩很开心，就下来了，把秋千让给好好玩。

回来以后，我妻子写了一个小童话，《如何让老鼠从秋千上下来》。我看完以后，觉得这个故事还可以变得更有趣。秋千板很大，如果有一个老鼠在上面，另外一个老鼠想玩，直接上去就行了。但如果是个大块头，把整个秋千都占满了，那故事就更紧张了。我就想到了大象。

那么，怎么让大象从秋千上下来呢？我想，我妻子想，我孩子也想。我妻子还把问题发到她的大学同学群里，其中一位同学说，大象的孩子来了，大象就不用占位置了，这真是一个绝妙的主意……

后来在编辑徐超和画家抹布大王的建议下,故事变成了小朋友如何想各种办法让大象从秋千上下来。一开始是想跟大象的动物属性相关的办法,比如吃香蕉,吓唬它,然后想和我们阅读的故事相关的,比如美人鱼和外星人,接着就到了打破"次元壁"的互动游戏,最后再到亲情。就是这样的四个层次。

最后这个层次我觉得很重要,因为平常我们讲想象力的时候,会更多地谈到天马行空、"脑洞"大开,但想象力很重要的一个层次是想象他人的处境和感受的能力,同理心的背后也是想象力。

爱阅公益:这本书的结尾我也觉得特别好,非常符合逻辑,又有温馨的感觉,让整个故事升华了。

常立:嗯,这样就体现了想象的各个层次。这个故事还有一个好处,它不怕被打断,从任何一页开始读都可以。

我还想把这个故事变成一本读不完的书。我到幼儿园给小朋友讲这个故事的时候,当大象终于下来了,我就会说,第二天,小朋友们发现秋千上又有一只霸王龙。"如何让霸王龙从秋千上下来呢?"小朋友们又七嘴八舌地提出了好多鬼主意。

爱阅公益:你自己也是图画书研究者,研究对你的创作帮助大吗?

常立:帮助太大了。我不是那种天才型的作者,接触一种新的文体,肯定需要学习。一开始我对图画书真的是完全不懂,就跟彭懿老师请教了很多关于图画书创作方面的问题,他当时是我的同事,在金华跟我就住在同一个单元楼里。彭老师相当于给我上了一节私教课，把关于创作图画书的方方面面和盘托出。

　　一方面是彭老师的直接传授，另一方面我也找了很多书来看。我这个人就是这样，哪怕写一篇童话之前，也要看大量的书才觉得心里踏实。

　　对我来说图画书的研究和创作并不矛盾，并不是说做了研究就没法儿创作了，而是正因为我在做这方面的观察、研究和思考，我在创作中才会有更多的方法和技巧。

文学批评与翻译

我们的批评没有形成说真话的风气。

爱阅公益：你写了不少导读，这是你自己比较喜欢的工作吗？

常立：对我来说导读就是书评，两者没有太大的区别。从我们做文学批评的角度来讲，写书评是理所应当的，只不过一般的书评是印在报纸或者杂志上，导读是随书输送到消费者那里的。

根据我自己的时间安排，会有一个工作的优先级。我会优先创作，第二是翻译，第三是批评。但总的来说，这三件事都是我有兴趣也喜欢做的。

一般情况下，我愿意去写导读的书，都是我自己看了喜欢或者觉得有意思的作品。把好的艺术作品带给读者，拉近读者与艺术的距离，这是批评者应该做的事情。

当然批评者的另一部分职责是帮助读者排雷。这份工作可能就要捏着鼻子去干了。我们当下的批评多多少少有点儿扭曲，看起来似乎都是在做第一件事，但有时对明明写得不好的作品，也一窝蜂去赞美。在一定程度上，我们的批评没有形成说真话的风气。

爱阅公益：之前也看到你在其他场合提到中国缺少第三方独

立书评人。你觉得为什么会有这个问题？未来怎么样可以听到更多不同的声音？

常立：原因就说来话长了，挺复杂的。应该是一个文学场域的问题，文学场域里面有权力、资本，也涉及出版社、创作者、教育部门、阅读推广人、大学里的研究人员等等。各种因素错综复杂，综合在一起，最终让童书变成了一门"生意"，可能有些人心中就忘记了孩子。

我自己早些年是比较尖锐的。浙江师范大学当时有一个"红楼儿童文学研讨会"，招牌就是以批评为主、表扬为辅，相对于当代成人文学批评来说，比较尖锐和犀利。我刚转去儿童文学专业的时候也是一腔赤诚，见到自己认为不好的作品就批评。但后来我发现这样做还是挺得罪人的。

后来，自己的批评热情也在慢慢地消退，说辞上也会更加委婉一些。但是我这个人的性格就是这样，即使委婉，也委婉得不好。

爱阅公益：记得刘绪源老师在《文心雕虎》里讲到文学批评的时候说过，批评者的主要工作不是揭露和阻挠，而是推进，成为作家们前进时的助力。

常立：我同意前半句话，指出作品不足、帮助读者排雷始终是第二位的，但对后半句话信心不足，我不大认为文学批评能够成为作家们前进时的助力。从文学史上看，由文学批评推进的文学创作，时不时也会出这样那样的问题，所以我认为第一位的还是拉近读者与艺术的距离。刘绪源老师就是一个很好的批评者，他坚持"在好处说好，在坏处说坏"，这是批评的常识，说是批评的底线，其实也是批评的天花板。

爱阅公益：除了做学术、自己创作，你还翻译了很多图画书。翻译带给你的乐趣是什么？

常立：第一，翻译是一种更深入的阅读，一般我翻译的书肯定是我比较喜欢，觉得可以去深入阅读的书。

第二，翻译也是一种二度创作，会给我创作的快感。当我找到了一个合适的词，或搞定了一个很难的句子，那一刻的快乐，其实跟创作时突破瓶颈的快乐是相似的。同时跟创作相比，翻译的快乐又是一种更确定能够得到的快乐，因为已经有一个好故事在等着你了。

爱阅公益：你觉得一本图画书翻译的好坏，会从哪些方面体现出来？

常立：我自己做翻译的时候，阅读完原文后，倾向于先找到一个翻译的基调，也就是要用一种什么样的语言基调来讲这个故事，才更符合这本书的精神内核。

举个例子，《夏天守则》是一本字很少的书，我翻译的时候就是对每句话进行了直译。这么看我做的事情是不是太简单了？

《夏天守则》里的守则是一条条机械的、冰冷的规则，就是要用机械化的、僵僵的语言才能把规则的死板性描摹出来。这种直译的效果，是我经过选择后的结果。只有文字把这种刻板、生硬、冷漠描摹出来了，图画里情感的释放才有爆发力。

有一些经典书，画是好画，作者是好作者，就是翻译不是好翻译，让人觉得很可惜。在这里我也呼吁出版社更多地重视翻译，不要怕给我们译者钱。

我觉得翻译还是技术活儿。现在出版社找我翻译得比较多的是押韵的、语言游戏的、诗歌体裁的这类不太好翻译的作品。

爱阅公益：对语言游戏的这种翻译，你会怎么处理？

常立：有的我可以找到比较适合的方式，有的确实找不到，就只能用折中的方案。要么是忠于原文，要么索性转化成汉语里的语言游戏。我现在正在翻译的苏斯博士系列图画书，就有不少这样的情况。

爱阅公益：你翻译的《蝉》这本书，英文原文有很多语法不正确的地方。在中文翻译里，你故意把"资源"写成错别字"资原"。这是为了对应英文的感觉吗？

常立：对，这也是根据对书的理解选择的翻译策略。在《蝉》这本书里，蝉明显是一个异类，在作者看来，这样的异类可能是一个少数族裔，或者是来自另外一种语言文化的移民，总之是处于边缘的、有点儿"失语"的小人物。所以他说话的时候，会有语法不规范的地方。

我在翻译的时候，没有办法把英语的语法错误传递出来，而且如果在汉语里面也加上语法错误的话，书的出版可能就会成问题。我就想到了用错别字来处理。读者如果读到这些错别字，也知道这是译者的设计的话，可能会因此多去想一想这里面包含的意义。这样的细节处理，就是想要传达出原作的精神内涵。

爱阅公益：你近些年翻译了好几本陈志勇的书。他的作品在哪些方面特别打动你？

常立：首先是他画得太好了，太动人了，我一下子就会被他的画所征服。

其次他的文字功底也相当深厚，在他的《内城故事》这本书里就有很好的体现，中文版刚刚在豆瓣首发。《内城故事》非常像现代小说，像我之前提到的卡夫卡、伊塔洛·卡尔维诺、博尔赫斯等人的作品，可以在这本书里看到他们的影子。我读陈志勇的书，会跟童年和成年以后的这些阅读联系起来，给我一种精神层面上的满足。

爱阅公益：之前采访戴芸老师，她也很喜欢陈志勇。

常立：戴芸老师为《夏天守则》写过一篇别开生面的导读，那是我们的第一次合作。戴芸老师之前在澳大利亚生活多年，对陈志勇的作品也相当了解，我们俩都非常喜欢这本书。

同为图画书的文字作者，戴芸老师在创作题材的选择上都很特别，这也是我想向她学习的。我们第一次见面是在一次书展上，相谈甚欢，之后也经常在网上交流创作方面的想法。我这个人比较宅，从事文学创作后，有幸结交了很多这方面的好友。借助新媒体的技术，宅在家里也有坐拥世界的感觉。

爱阅公益：翻译的时候，你需要了解创作者本人以及作品相关的资料吗？

常立：会有一些了解，但是我不会把这些资料作为必须了解的或者主要了解的。文学研究里面有内部研究和外部研究，内部研究是基于文本内部的分析，外部研究则需关注作者生平事迹、时代背景、社会思潮等等。如果外部研究有助于理解文本，也是好的，但我不把这作为必须修习的功课。我自己作为一个创作者，并不希望读者读我的每一部作品，都必须要了解我的身世来历，再来分析作品和我真实生活的联系。托芙·扬松《轻装旅行》里的那句"只在书里和它的作者相见"，这在粉丝经济时代显得有点儿不合时宜，但我还是觉得这样既唯美又浪漫。

采访时间：2020 年 12 月 16 日、12 月 17 日

戴芸

找到有价值和意义的创作

戴芸

寻找童书的真生命

　　如果把《溜达鸡》获得第二届信谊图画书奖文字创作佳作奖看作她的出道，戴芸已出道近十年了。网上关于戴芸的信息有限，十年间她出版的作品数量也并不算特别多。但对我来说，在图画书的封面上看到"戴芸／文"就如同看到了品质保证的商标。

　　如书名所示，《溜达鸡》讲述了一个关于溜达的故事，表现出的是一种自在闲适的心境。书里的溜达鸡沉浸于身边细微平常之事，从中找到了无穷的乐趣。这不就是孩童的样子嘛！在这本书的创作中，也是因为雨中荡秋千的儿子，戴芸才把"溜达鸡"和"人"联系到了一起。

　　在一定程度上，我想《溜达鸡》也是戴芸自己内心的映照。戴芸说自己的创作就是一种"溜达鸡"的状态，随性、随缘，一定要遇上为之兴奋的主题才会动笔。如果好几个月都没有遇见也不心急，就把精力投入到其他事情上了。

戴芸虽不一定每天都定时坐在书桌前数小时，但她从生活的方方面面汲取养料。戴芸从小文字功底深厚，中考和高考作文都是满分。她还学习过中国书画，热爱艺术。她说虽然生活中总有琐碎和焦虑，但是她仍会去尽量寻找"溜达"的空间，旅行、读书、画画、练字、跳舞、运动，保持对世界的好奇和关注，这或许也是她创作出高质量图画书的能量之源。

说了这么多"溜达"，当戴芸遇到为之心动的主题，是绝不会"溜达了事"的。她进入创作状态后就非常专注，不会轻易转移注意力。以《苏丹的犀角》为例，为了让故事有细节，和读者产生情感的连接，她四处寻觅拥有第一手资料的人。为了亲眼见到世界上最后一头雄性北部白犀牛——苏丹，她和创作团队远赴非洲肯尼亚采风。为了找到最合适的故事叙述方式，她不断修改稿子，尝试了各种不同的形式。

"你一个不会画画的人，非要做图画书，文字如果还没什么亮点的话，你有什么存在的价值？"戴芸说。

在秋日的两个下午，我和几年前移居新加坡的戴芸进行了通话，用细细慢慢的方式聊着与她的创作相关或不相关的那些事。在快节奏的今天，偶尔想想那只爱溜达的小鸡，我们也许都能看到不一样的风景。

文艺妈妈遇见图画书

小孩子会提醒我们很多已经遗忘的生命体验。

爱阅公益：我了解到你是生了两个孩子以后，才开始自己创作图画书以及做其他跟图画书有关的事情。

戴芸：从时间上来讲是的，但是从因果关系上来讲也不一定。虽然做图画书肯定跟孩子出生有关系，但也有其他的因素。

图画书之所以让我着了迷，根本原因是我自己一直对写作和艺术都很有兴趣。我的第一本书其实是我从小学到高中的作文集。在那之后也一直喜欢文字。

我还从小学习画画，可是到了初中一、二年级，我发现让我临摹或者是在临摹的基础上做一点儿小小的改动，我确实可以画得很好，但是如果给我一张白纸，我并没有表达的冲动。所以对比画画，文字是更适合我的一种表达途径。虽然最后放弃了画画，但是因为小时候学过，我的审美受到了画画的影响，也一直很热爱艺术。

遇见图画书后，我惊叹怎么会有这样一种东西，把文字和绘画如此完美地结合在一起，我也因此迷恋上了图画书。

爱阅公益：这大概是在哪一年？

戴芸：我开始感兴趣大概是在 2007 年。

爱阅公益： 那很早了。你最开始还做了一些翻译和阅读推广的工作吗？

戴芸： 一开始是做翻译。我那时候住在上海，少年儿童出版社有一些作品需要往外卖版权，我刚从澳大利亚留学和工作回来，本身又是英文专业出身的，就帮他们做了中英互译的工作。

后来他们问我要不要写导读，我就又写了一些导读。不过我真正的阅读推广工作并不是在这个时间段做的，而是在2013年到2014年之间。

爱阅公益： 你最初自己创作是从什么时候开始的？

戴芸： 大概是2011年。因为我之前跟少年儿童出版社有一些合作，就认识了他们的编辑。编辑当时想要做一个有认知成分的系列绘本，希望内容不是生硬的灌输，而是比较有趣的故事。她问我有没有兴趣尝试，我就写了《谁的鞋子》，算是处女作。

我发现创作图画书是一件很有意思的事情，就开始去了解国内原创的状况。这让我找到了一个宝藏——《东方娃娃》杂志。他们是中国最早引进图画书的机构之一，还刚好在我的家乡南京。我就给《东方娃娃》投了稿，我早期的作品都是在《东方娃娃》上发表的，其中有两篇被收录到了中国作家协会儿童文学委员会选编的

注：全文中《谁的鞋子》（戴芸文，许玉安图）的图片来源于少年儿童出版社。

《2011中国年度童话》和《2012中国年度儿童文学》，这对我是蛮重要的起点。

后来，信谊图画书的编辑张月刚好在《东方娃娃》上看到了我的作品，就跟我说，我们有一个信谊图画书奖，你要不要来参加。在这之前我根本不知道信谊，也不知道信谊图画书奖。就这样我投了《溜达鸡》参赛，后来，张月也是《溜达鸡》的编辑之一。

爱阅公益：你还记得当时在《东方娃娃》发表的是什么故事吗？

戴芸：那几个小故事我现在都很喜欢。有一篇叫《一天一个煮鸡蛋》，讲的是小孩子都很讨厌吃煮鸡蛋的故事。当时我儿子每天早上吃煮鸡蛋的时候都很痛苦，我看他眼巴巴地看着煮鸡蛋，不知道脑子里面想的是什么。我就是在这样一个背景下写了这个有点儿类似儿童诗的故事。

我还写了两篇叫《我就喜欢光脚丫》和《我就喜欢下雨》。那个时候因为我的孩子还比较小，所以写的故事都跟他们有密切的关系，都来自真实生活的体验。小孩子会提醒我们很多已经遗忘的生命体验。

爱阅公益：看来孩子给你创作的启发还是蛮大的。

戴芸：至少开始的时候是的。后来他们长大了，这种直接的生活上的刺激就比较少了。后来的一些作品，如《苏丹的犀角》《梧桐》等，跟他们也没有什么关系。不过如果没有他们，我大概率是不会走上这条道路的。

《溜达鸡》与溜达的心境

我个人所追求的图画书语言风格
是像《诗经》和陶渊明的五言诗那样的。

爱阅公益：《溜达鸡》投稿给信谊图画书奖，想过会获奖吗？

戴芸： 当然没有。十年前的时候什么都不知道，没有想那么多。我当时就想如果信谊不喜欢，我就投给《东方娃娃》。

爱阅公益： 从你的创作后记里看到，这本书的灵感也来源于孩子的行为给你的触动。

戴芸：《溜达鸡》创作的第一步是从一位东北阿姨那里听到"溜达鸡"这个名字。因为我对文字比较敏感，这三个字一下子给了我很强烈的冲击：我们民间怎么有这么活色生香的词呀？

我当时就想，也许有一天我会写一个跟溜达鸡有关的故事。一颗小小的种子就种下了，但那时候我心里并没有一个故事。之后过了大概小半年，在一个细雨蒙蒙的春天里，儿子突然跟我说要出去

注：全文中《溜达鸡》（戴芸文，李卓颖图）的图片来源于明天出版社。

走一走。我问："你想要干吗？外面在下雨呢。"他说："去雨里走一走。"过了一会儿，他湿漉漉地、很高兴地回来了，就像一株小苗被春雨浇灌了，绿油油的。

在那个瞬间，我突然觉得他的状态很像一只溜达鸡。这个连接很关键，因为我突然明白了溜达鸡打动我的是什么。我发现这可以是一个有些寓言性的故事。我记得作品得奖的时候，评委说这个故事有点儿李欧·李奥尼的味道。

爱阅公益：对比你提交给信谊图画书奖的版本，最终出版的版本修改得多吗？

戴芸：修改肯定有，但是《溜达鸡》的改动跟其他作品相比，算是比较少的。

作品的前半部分除了个别字句，基本上没有改动，主要改动的是后半部分，就是从溜达鸡跟其他鸡说溜达是怎么回事开始。因为我写文字稿的时候没有画面，所以有大段的文字是溜达鸡在跟其他小鸡说他溜达的时候都做了什么。

当时为了去研究溜达的时候能做什么，我还做了一些调查。我在午饭时间去我儿子的学校，带了很多巧克力分给他的同学，然后跟他们说："我们来做一个小小的讨论，如果有一群无所事事的小鸡在山上玩，你觉得它们会干什么？"然后那帮小孩子跟我说了很多，我就都记下来了。虽然大部分最后都没有采用，但是他们让我看到了孩子们对于"溜达"的理解。

总之原本后半段我写了很多文字，但最后做成图画书的时候基本都删掉了，大量的内容是用画面来表达的。

爱阅公益：《溜达鸡》的写法特别直接，一开篇直接就说："这是跑跑鸡。跑跑鸡每天东奔西跑，常常渴到嗓子冒烟，也不停下来喝一口水。"没有什么背景介绍。整本书的文字很简练，但也很活泼有趣。在语言风格上，你有哪些思考？

戴芸：我觉得我的性格就是这样的，我是一个特别直接的人，不太会拐弯抹角。我从小在部队大院里长大，不少朋友说我性格里有很多像男孩子的地方。

说到语言风格，首先我确实比较计较文字。再说了，你一个不会画画的人，非要做图画书，文字如果还没什么亮点的话，你有什么存在的价值？

在打磨文字的时候，我觉得最重要的是看这个故事适合什么样的文字。比如《溜达鸡》和《梧桐》就不可能是同一种文风。我不会试图建立一种鲜明的个人语言风格，然后用它来讲述所有的故事。

故事面对的读者年龄层也很重要，根据读者的年龄，我再决定文字要简单或者复杂到什么程度。

但是总的来说，我追求简洁准确的语言。简洁的语言也同样可以抒情，但我希望这种抒情是通过语言的温度和表达的意象来实现的，而不是靠华丽的辞藻实现的。所以我在修改文本的时候，做得最多的工作就是删除。

虽然还没能达到，但我个人所追求的图画书语言风格是像《诗经》和陶渊明的五言诗那样的。简单，但很有生命力。如果是英文，可能是像海明威的作品那样的，句子很短，但很有力量。

爱阅公益：刚才你提到读者的年龄层，写作的时候你会有意识地考虑目标读者的年龄吗？

戴芸：一定会。我觉得图画书是介于商品和作品之间的东西。成人的文学作品可以更任性一点儿，但我个人认为做童书还是应该要有一些服务意识。

会听到很多优秀的作者说，他们其实从来没有想过是在给小孩子写东西，他们只是在写他们想写的东西。我觉得这说明他们很幸运，他们喜欢的东西刚好是市场和小孩子也喜欢的，但我不认为这是理所应当的状态。给两岁的小孩子和给十二岁的孩子写东西，不可能是一样的。所以我一定会考虑年龄的问题。

爱阅公益：我个人也挺同意你的见解的。《溜达鸡》这本书从你的文字得奖到最终出版，经历了六年的时间。作为图画书的文字作者，经常会经历长时间的等待。这种等待会不会很难熬？

戴芸：对我来说并不会。首先我觉得对作者来说，最难熬的是遇到创作瓶颈的时候。创作过程结束之后，另一个比较忐忑的过程是拿着作品去敲出版社的门。出版社接受之后，所有最难的部分都已经过去。在那之后，我的注意力就会转移到别的事情上去。我不会把作品交给出版社后，天天在那儿等着。

这之后的绝大部分事情都不在我的掌控之中，所以在煎熬中苦等真是跟自己过不去。我会享受跟编辑和画家一起打磨作品的过程，看他们为作品一点儿一点儿地注入新的生命是很开心的。至于中间的各种意外、延期，经历得多了，就会觉得特别正常。我想这个过程对我来说更多的不是"等待"，而是"期待"吧。

爱阅公益：在画家绘画的阶段，你会深入参与讨论吗？

戴芸：具体每一本书的情况不一样，有的书我跟画家直接的沟通很多，有的是编辑和画家沟通为主。每位画家的工作方式也不一样，有的很享受频繁密切的讨论，有的需要有更多独立的空间和时间。但对比以前，现在大的趋势是编辑、作家、画家一起的沟通越来越多。

插画选自《溜达鸡》

爱阅公益：你自己更偏向于哪一种沟通方式？

戴芸：我个人更喜欢跟画家有充分的沟通。我刚才说过，我喜欢图画书的很大的原因是除了文字，我自己也很喜欢艺术，热爱视觉表达。我是一个对画面有很多想法的作者。

图画书的封面上会写"文/某某 图/某某"，这其实是不太准确的，更准确的表达可能应该是"故事/某某"。因为我的故事不只体现在最后印出来的那几个字里面，我在讲故事的时候会有一些对画面的设计，这些设计是故事的重要部分，虽然读者在文字中看不到。因为我是一个画面感比较强的作者，所以跟画家充分沟通，让对方深入了解我的想法，对于我来说是蛮重要的。

　　选择图画书作者这一行，我就知道我永远不会有只属于自己一个人的作品，可这也是图画书创作过程中吸引我的地方之一——那种不可控性、神秘感，那种"交会时互放的光亮"。我非常感激遇到的每一位在作品中跟我产生共鸣，愿意把他们宝贵的创作生命拿出一部分来跟我共走一程的画家。所以，虽然我需要跟画家沟通我的想法，但是我也希望画家在我的故事中看到成就自己的可能性，把这个作品当作一个自己的艺术创作来完成。在作品中相遇和彼此成就的经历是非常美好的。

中国人写世界的故事

我和李星明在这本书上的情感投入是巨大的。

爱阅公益：《溜达鸡》之后，你是创作了《苏丹的犀角》吗？

戴芸：时间上大概是这样的。《溜达鸡》写得比较早，大概是在 2011 年左右。然后我就很长时间没写了。

总体上来说，获得信谊图画书奖给了我一定的信心，我知道自己是可以达到那样的水平的。但是你以为拿了这个奖，写什么东西别人就都会理你了吗？并不是。

中国原创图画书的大爆发应该是在 2015 年，很多人说那是中国原创图画书的"元年"。从我出道（如果信谊图画书奖得奖算是出道的话）到 2015 年之间那段时间，其实愿意做原创的出版机构还是很少的。那时候大家都在做引进，引进卖得又好，很多人也觉得中国原创怎么可能跟西方的比呢。对出版社来说，原创还是比较"劳民伤财"的事情。

当然那个时候可能我的水平也有限，不管是主观还是客观原因，找到出版社愿意出版我的作品是一件非常困难的事情。

所以从 2013 年到 2014 年，我做图画书推广做得比较多。那两年，我和几个小伙伴做了阅读推广的播客"宝贝爱阅读"，连续两年我们都入选了苹果年度精选播客。

后来我移居新加坡，决定不再做播客，还是想继续写东西。

在新加坡安定下来后，2015年左右我就写了《苏丹的犀角》和《梧桐》。

爱阅公益：当时为什么会想到写《苏丹的犀角》这个故事？

戴芸：第一次知道这个故事，是刷微信的时候看到了一篇关于一头名叫苏丹的犀牛的新闻报道。新闻说世界上只剩最后一头雄性北部白犀牛了，还配有两张很令人震撼的照片。只是看到"世界上最后一头雄性北部白犀牛"这句话，就让我觉得背后有很多的故事。

我把新闻存了下来，但在那之后没有继续去想这件事。虽然我自己被震撼了，但为什么一个中国人要写远在非洲的犀牛的故事呢？整个大环境都在鼓励写"中国故事"。我当时不是很有信心，不觉得这样一个故事能够在中国找到认同它的出版机构和读者，所以就搁置了。

再后来，我偶然又看到了关于苏丹的新闻，我想那我就做点儿研究吧。一研究，我发现原来苏丹的一生比我想象的要复杂和戏剧化得多，简直太值得书写了。

研究中我还发现，苏丹每一天、每一刻都有可能死掉。我突然有了一种急迫感，觉得时间来不及了。当时我就很后悔，为什么第一次看到新闻的时候没有去做研究。

关于"为什么一个中国人要写非洲犀牛的故事"的疑问，后来我自己想通了。苏丹当时是在肯尼亚，我觉得肯尼亚不太可能有人写一本图画书来讲苏丹的故事。如果有一天它被人讲述，多半是欧美这些图画书行业发展得更好的国家。那为什么一个英国人、美国人可以写苏丹的故事，一个中国人就不可以？如果终究要由一个非洲之外的人来讲述这个故事，哪个国家的人又有什么区别呢？这是一个全球性的话题。

当然，也可能因为我本身是外语专业毕业的，又有很多年的时间在中国以外的地方学习、工作、旅行，所以地球在我的认知中相对比较小，也就不觉得有什么地方是一定不可到达、不能书写的。

就这样我写了苏丹的故事，最主要的原因还是它非常打动我。

爱阅公益：写一头犀牛的一生，从呈现方式、整体结构等方面，你是如何构思的？有遇到什么困难吗？

戴芸：对我来说的第一个问题是，这已经是一个非常大的新闻了。如果你想了解苏丹的故事，只要谷歌或者百度一下就能知道，英国广播公司（BBC）也拍了它的纪录片。那还有什么必要去做一本关于它的图画书呢？你还能提供什么不同的东西，让这本书的存在具有意义呢？

我觉得我的作品和新闻报道的区别在于，新闻关注的是世界上只剩下最后一头雄性北部白犀牛这样一个事件，而我进行文学创作的时候，关注的是生命个体。看完新闻，你不会知道苏丹是一头什么样的犀牛，它喜欢吃什么，它喜欢玩什么，你跟苏丹这个个体之间没有情感连接。这就为文学作品提供了丰富的创作空间。

要建立情感连接，就需要有细节，可这些细节是在新闻中找不到的。我接下来面对的挑战就是要去找到这些细节。我急迫地想要接近那些真正了解第一手资料的人，我在网上到处寻找，写邮件给各种不同的人。最终，我在领英（一个面向职场的网络社交平台）上找到了捷克王宫镇动物园（Dvůr Krá lové Zoo）的国际项目总监扬·斯泰斯卡尔（Jan Stejskal）。苏丹在这个动物园生活了三十多年，理论上说，它也是属于这家动物园的。

我在领英上联系了扬，等了好几个星期，他突然回复我了。我们立刻开始视频沟通，他给了我很多第一手资料。后来我们到非洲采风，也是他帮忙联系的。

做了这些前期准备后，就到讲述故事的时候了。我觉得图画书里如果有一个视觉象征，这是很有力量的。我的主要读者是孩子，最好能给他们一个清晰的线索去跟随。我想到用犀牛的角作为整个故事的视觉象征和叙述线索，然后把所有发生的事情和抽象的意义全部都放在这个角上。这只角道尽了千言万语。

爱阅公益：你写的时候会像动物小说家那样，特别注意犀牛的习性、心理等方面的准确性吗？

戴芸：会的，因为我写的是一头真实的犀牛。全篇唯一虚构的地方是他[1]的童年，因为没有人知道他的童年是怎么过的。除此之外没有任何虚构的地方。

当然我不可能做到黑鹤那样，他每天都跟狗在一起，但我要尽量准确地描述。举个例子，翻开这本书的第一页，上面写着："那个时候，小犀牛的角还没有长出来，眼睛也看不清楚。妈妈就低下头，用自己的犀角轻触他的背，告诉他该往哪里走。她还会把角扎进土里，挖鲜嫩多汁的草根作为他们的晚餐。"

---

[1] 专指《苏丹的犀角》中的苏丹时，我们按照书中的用法，用"他"指代。——编者注

戴芸——找到有价值和意义的创作

这一段看似简单,可不是随便写的,如果我没有做过研究,有可能写出来的每一句话都是错的。我知道犀牛小时候视力不好,知道犀牛角到底是干什么用的,知道犀牛妈妈会用她的角指引小犀牛的行进路线。

后来编辑马皓月还去找了张劲硕老师,请他从动物专家的角度确认内容有没有问题。

插画选自《苏丹的犀角》

爱阅公益:去非洲采风的时候你都做了哪些事情?这些事情对创作有什么影响?

戴芸:采风就是去见苏丹了。真正见到苏丹后,最大的收获是有了亲身的感受和把握故事的信心。到过现场和只是上网、打电话是不一样的。

回去以后,我的语言氛围和质地跟以前不一样了,因为我摸过它,我到过它的身边。我和李星明在这本书上的情感投入是巨大的。

在非洲我还采访了很多人,包括保护区的首席执行官、饲养员、

注:全文中《苏丹的犀角》(戴芸文,李星明图)的图片来源于二十一世纪出版社集团。

巡警、兽医等等，这让我了解了更多的细节。在书的后面有一个二维码，扫码可以看到一个十几分钟的视频，里面有采访的记录。

另外还有一些细节是通过现场观察得到的。有一个细节是我注意到苏丹的耳朵上有一个耳洞。我们第一次看到它是在清晨，阳光从它的耳洞唰地穿了过来。我当时感到特别震撼，因为那个耳洞非常圆，意味着它是人工的。耳洞上曾经挂着它的名牌，名牌上面写着"苏丹"。我觉得这有很重要的象征意义。

耳洞这个细节我们用在了书里。在故事的尾声，我写道："这里的风带着太阳和尘土的味道，穿过苏丹的耳洞，'嗖嗖嗖'地说着他听不懂但又很熟悉的话。"

还有一个细节是我看到苏丹面前有一堆胡萝卜。灰扑扑的大地上，那亮眼的橘黄色胡萝卜震撼了我，因为它们本不应该出现在这个地方。苏丹在捷克的动物园里长大，肠胃消化系统已经习惯了胡萝卜，回到非洲之后，虽然也开始吃当地的草，但每天还是需要吃

插画选自《苏丹的犀角》

很多胡萝卜作为补充。胡萝卜是苏丹被圈养的印记，它永远不可能变成真正的野生犀牛了。在书里也能找到有胡萝卜的画面。

爱阅公益：之前采访李星明老师，他提到创作过程中有一个群，他自己、你、文字编辑和美术编辑、你的经纪人都在里面一起讨论。整个过程，有没有一些比较有意思的内容可以分享？

戴芸：这个群是我非常有感情的一个群，我也特别喜欢这个团队。大家都特别可爱，对自己的要求很高。

其间，我们确实会对一些问题产生分歧，我们的处理方式也很简单，就是把自己的想法直接说出来。如果不能说服对方，有时候还会搬救兵："我就这个问题请教了某某老师。"这说明大家都在非常努力地思考和学习。总之，我们有一个很好的创作氛围。

故事改了很多稿，最早是第一人称，后来改成第三人称，然后又改成第一人称。我还试过倒叙、插叙，还有剧本式、漫画式的风格，尝试了很多形式，就想知道到底哪种方式可以最好地讲述这个故事。

爱阅公益：我看出版的版本是第三人称，最后为什么选了第三人称？

戴芸：首先一点是，我没有办法不交代苏丹这个故事的大背景，但如果我站在苏丹的第一人称视角，他没有办法知道外面到底发生了什么。

另外一点是，使用第三人称的时候，我可以保留苏丹作为一只动物对周围发生的一切并不明白的感觉，这种不明白、似懂非懂是很动人的。

爱阅公益：你的另一本书《梧桐》也跟自然和环保有关。是这类主题比较能打动你吗？

戴芸：这两个故事是由于完全不同的原因打动了我，从创作到出版的这三四年里，我从没有想过它们之间有什么关系。直到开发布会的时候，因为两本书是一起发布的，我们觉得应该想一个主题，才突然发现其实它们都跟环保有关。

我目前正在制作的书里也有环保主题的，但在创作的时候我也从来没有想过这个问题。我没想过做环保主义作家，但有意思的是，创作的过程其实帮助我更加了解了自己。我之前都没有发现，人和环境、动物之间的关系原来是我的一个兴奋点。

爱阅公益：写《梧桐》这本书，你自己应该对梧桐树很有感情吧？

戴芸：我是在梧桐树下长大的，写《梧桐》是因为这是我生命的

插画选自《梧桐》

注：全文中《梧桐》（戴芸文，张钢图）的图片来源于二十一世纪出版社集团。

一部分。不过，这个故事我不想只是局限在自己生长的城市。书里的城市叫"林城"，是一个虚构的地方。因为这个城市叫什么名字不重要，你所在的地方有没有梧桐树也不重要。重要的是，但凡你对一个地方有感情，你就可以理解书里想要表达的东西。

　　一开始我们有个执念，想要找我家乡的画家来画，但是最后蒲蒲兰的编辑高媛找到张钢来完成这个作品。张钢是北京人，其实也挺好的，因为虽然表达的是同一种情感，但是他会带来一些不同的气息。

　　这本书最近输出了丹麦语版权，所以我想，这种感情是可以跨越文化，引起人们的普遍共鸣的。虽然丹麦是一个很小的市场，但是想想这本书有可能出现在安徒生家乡的某个书店里，还是挺幸福的。

插画选自《梧桐》

爱阅公益：你希望通过《梧桐》这个故事传递给孩子什么？

戴芸：我每次看到这种问题，都有点儿不太知道怎么回答。我的第一反应是我没有什么要"传递"给孩子的，因为我创作的初始动机不是这样的。我的首要动机一定是这个故事打动了我，并给了我表达和分享的冲动。

但从另一个角度来说，一个故事为什么会打动我，背后肯定是有原因的。比如《梧桐》打动我的是人和地方之间的感情，以及二者彼此成就的关系；这种感情和关系，反过来对人和人之间的感情和关系又有什么影响。是这些东西打动了我，所以，虽然我的初衷并不是某种特定的"传递"，但是这些情感和思考肯定会体现在作品里面。

但是一个故事打动我的原因不一定是最终打动读者的原因。每个读者看了这个故事之后，他们被打动的原因是不一样的。我觉得故事的传递不是物理性的传递，更像是我给你一颗种子。种子里包含我的思想和感情，可是这颗种子最终是否会生长，或者生长成什么样，这对读者来说是一个很个人化的、有机的过程。

找到有价值和意义的创作

一本书要消耗那么多资源和能量……
所以,首先我得先说服我自己这件事有价值,才会去做。

爱阅公益: 跟你的交流中,感觉你在创作上是比较随性、随缘的状态。如果遇到打动自己的主题就会去写,不会刻意追求一定要写出什么。

戴芸: 我就是一种"溜达鸡"的状态,比较随性。这个东西打动我了,我兴奋了,我就去写一写。我进入创作过程的时候会非常专注,但是如果好几个月没有什么东西打动我,我就干别的事情去了。

我属于"间歇性创作",没有能力一直去写,也没觉得有那么多话要表达。

爱阅公益: 目前你已出版的作品虽然不是很多,但每一本的质量都很高。感觉你是更追求质量,而不是追求数量的作者。

戴芸: 确实比较低产,除了已经出版的几本,还有七八本已经和出版社签约。从我开始创作算起,平均下来,一年写不到两个故事。

一方面我花在上面的时间有限,另一方面我的燃点比较高,让我兴奋起来比较困难,而且我一旦碰到兴奋的故事,转移注意力也比较困难。

我这个人比较环保，每次选题的时候，都会想一本书从我有想法开始到出版销售，中间要消耗那么多资源和能量，这到底值不值得。所以，首先我得先说服我自己这件事有价值，才会去做。

爱阅公益：让你兴奋的故事有什么共通点吗？

戴芸：现实主义题材的东西是容易让我兴奋的。曾经有一段时间，我觉得写童书的意义不大，一个人读童书的时间很短，这个世界上已有的童书早就超过一个孩子可以读的量。我能写得比那些经典大师好吗？如果不能比他们好，为什么还要写？

后来有一件事情改变了我的想法，我读到了伊夫·邦廷。伊夫·邦廷写了很多现实主义题材的作品，这就提醒了我，其实每个时代都有每个时代的故事，每个时代都有值得被讲述、被孩子们知道的故事。

《苏丹的犀角》和《梧桐》都是在我们时代真正发生的事情，我作为这个时代的作者，把这个时代值得讲述的故事写下来，是有意义的。

今年春节由于疫情的原因，我和李卓颖做了《溜达鸡》的番外，叫《这个春节不溜达》。这个故事也有很强大的现实背景，虽然没有正式成书出版，但这可能是我创作的影响力最大的一个故事，阅读量超过了一百万。

不过呢，我现在也觉得之前的想法有些偏颇。因为哪怕是相同的题材，随着时代的变化，讲故事和艺术呈现的方式也会变化，所以新的创作还是有意义的。

爱阅公益：《溜达鸡》的春节版我之前也读了，影响力很大。关于《这个春节不溜达》的创作，能再跟我们分享一些细节吗？

戴芸：我今年大概 1 月 20 日回到家过年。当我得知疫情的消息后，我产生了一种强大的无力感，真是百无一用是书生，在这样一个巨大的危机和灾难面前，自己什么也做不了。

但我又有一种迫切的愿望，觉得自己应该做点儿什么。因为我是做童书的，就会更多地从孩子的角度去想。我想到在这个本该很欢乐的日子里，孩子们突然要被关在家里。有孩子的人都知道，这是一件多么"恐怖"的事情。孩子们会非常痛苦，孩子们的痛苦又会给家长带来更多的痛苦。

我就想也许我可以写点儿东西给这些被困在家里的孩子，和他们一起探讨当这样的事情发生的时候，我们可以怎么样尽量平静喜乐地把日子过下去。

我可以完全重新构建一个故事，但我突然想到我写过《溜达鸡》。溜达就是不待在家里，刚好和现在的状态有一个巨大的矛盾。那如果这一帮热爱溜达的小鸡不能溜达了，会发生什么呢？这就是一个故事所需的戏剧冲突。所以我想可以在《溜达鸡》的基础上编织新的故事，来探讨这个问题。

想到这个点子是在大年初一，我用了一个下午把故事写完了。写完以后我联系了李卓颖，我们一拍即合。然后我们就找到了信谊的相关负责人，希望用他们的公众号平台发布。

虽然是大年初一，但我们一下子就拉了一个十人左右的群，众志成城。到了大年初三，我们就把这个稿子发了。

其实在此之前一直有人问我，你要不要把《溜达鸡》做成一个IP，要不要写《溜达鸡》系列故事，等等。我从来都是说"不"，因为我比较抗拒为写系列而写系列。关于《溜达鸡》和"溜达"，我想说的已经说完了。

但是疫情期间的这个创作，让我把"溜达"的含义又深挖了一层。我们之前讲的溜达更多是身体上的溜达，但是当你被困在家中，溜达还有什么意义？我想，溜达鸡最终的精神，是不论在什么样的环境下，都能找到平稳安放自己的状态。

爱阅公益：我看到你还创作了"小乌卡儿童财商启蒙绘本"。这是因为你觉得财商方面的优质童书还比较不足吗？

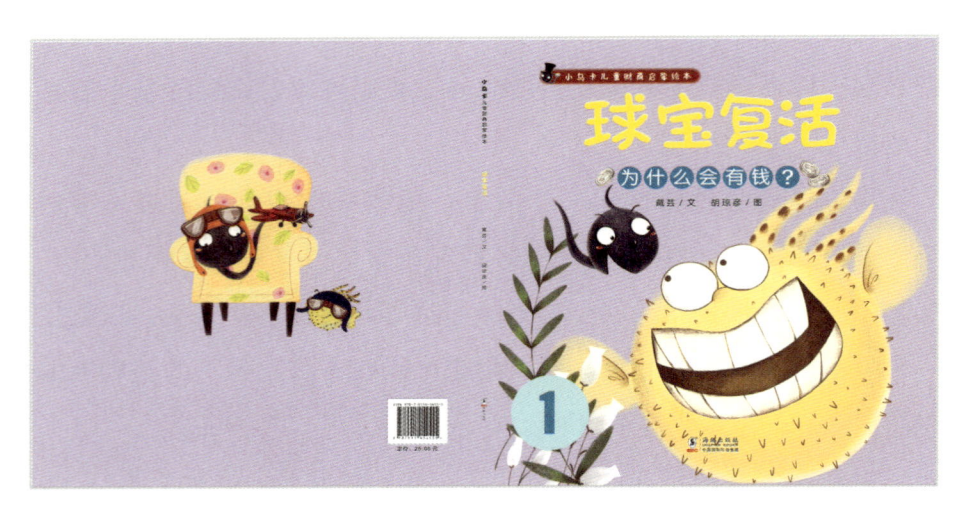

戴芸：这个故事其实写得很早，差不多有十年了。当时我想给儿子讲一讲钱的问题，就想买一些这类题材的图画书。然而，我发现不管是国内还是国外，这类图画书都特别少。我买了几本回来看，觉得有一些观念是有问题的，没有办法直接讲给我的孩子听。当时

注：全文中"小乌卡儿童财商启蒙绘本"（戴芸文，胡琼彦图）的图片来源于海豚出版社。

我已经开始对图画书感兴趣了，自己也学过商科，所以就想不如自己写一个。

写完之后发给出版社，他们都跟我说，感觉现在家长只愿意为智商和情商买单，对财商的市场不太看好。我想那就算了，没有再想这件事情。

大概到了 2014 年，我碰巧在一个星期内在朋友圈看到两个人问有没有给小朋友看的财商类的书。当时我想，那就说明还是有人对这个话题感兴趣的。我就找到一个开绘本馆的朋友，在她的一些会员中做了一次试读。试读的反馈非常好，大家都挺喜欢这样的故事。这就给了我一定的信心，我又做了一版修改。后来我认识了版权经纪人孙巍，她找到了胡琼彦来做这套书的插画，并且把这个项目推荐给了海豚出版社，这套书最终在 2017 年得以出版。

爱阅公益：你说不太认同一些儿童财商书的内容，你自己希望通过这套书传达哪些财商理念？

戴芸：我一开始看到的是技术上的问题。比如说到怎么赚钱，大家都会说要通过辛勤的劳动赚钱。这个其实是不对的，赚钱的本质是要满足别人的需求。当然在满足需求的过程中可能要付出辛勤的劳动，但不是只要劳动就可以赚钱的。

我们还会听到说质量好的东西就是贵的，质量差的就是便宜的。但其实决定价格的机制是供求关系，并不完全是物品本身的价值。

我觉得给孩子的财商教育虽然是启蒙，但是起点非常重要。不要害怕给小孩子讲那些听起来好像很高深的理论，如果方法对，他们是可以接受的。这样，当他们再去思考金钱问题的时候，角度就会不一样了。

爱阅公益：现在感觉越来越多人在说财商教育，比如还有"阿福童"这种专门的财商课。

戴芸：现在这类图画书是越来越多了，不过大家的定位还是有些不同，这样挺好的，家长可以多一些选择。比如我们这套书的定位是学龄前或者小学低年级孩子的启蒙读物，讲最基本的问题和思路，不涉及太复杂的理财方法。不过，我觉得这个问题还有些争议，不少家长反对在孩子特别小的时候谈钱的问题，希望他们多想一点儿诗和远方。我这套书出来的时候，还有做绘本教育的朋友语重心长地对我说："我还是不要帮你推广了，因为我觉得你应该打造一个文艺女神的形象，怎么可以谈钱这样俗的问题？"

但是我自己是觉得与财商相关的问题其实是很有意思的，主要看你怎么谈。再说打造形象也很累，哈哈。

插画选自"小乌卡儿童财商启蒙绘本"

爱阅公益：你之前跟我说最近几年不再做翻译，也不写导读了，为什么呢？

戴芸：不翻译的一个原因是我觉得整个出版界没有对翻译的价值给予足够的认可。做翻译要消耗巨大的精力和体力，但得到的回报和认可不多。在讲一个引进作品的时候，基本上没有人会提翻译，翻译也是不拿版税的。不过现在也有像蒲蒲兰这样的机构开始给翻译版税了。

另一个原因是对比创作，翻译给我的兴奋感、幸福感和挑战感都要弱一些。翻译也有我喜欢的地方，可是我就这么点儿时间，为什么不去做我最喜欢的事情呢？

关于不愿意写导读这个问题，我觉得导读大致可以分两类：一类是有比较多个人解读的；一类是比较学术的，介绍一些故事的历史背景、作者的作品等等。我觉得第一类应该逐步被一个更繁荣的第三方独立书评体系所取代。第二类导读我觉得相对更有意义，但是我们国家有很多非常优秀的专业研究图画书发展的学者，他们比我更适合写，所以我也没有必要写。

不过偶尔也有例外，过去几年里我做过一次翻译，帮《东方娃娃》翻译罗伯特·路易斯·史蒂文森的《一个孩子的诗园》。一是因为能够翻译史蒂文森的作品我觉得很荣幸。二是这本书虽然已经有十几个版本了，但是《东方娃娃》跟我说了他们对这本书的想法后，我觉得确实跟市面上已有的产品设计很不同，我觉得是有意义的。而且我看了几个其他的翻译版本，也觉得自己还有发挥的空间，可以在探索怎么翻译史蒂文森作品的道路上再往前走一步。

由于周翔老师的高标准、严要求，这本书历经了两三年还在编辑中，由朱成梁老师领衔好几位画家为每一首诗配图，还是挺值得期待的。

我也为陈志勇的《夏天守则》写了一篇导读。主要是因为我很喜欢这本书，这本书讲的是两兄弟，我自己刚好有两个儿子，比较有契合点。写这个导读最大的收获是认识了这本书的译者——我非常欣赏的儿童文学学者、作家常立。

爱阅公益：做一件事之前要想清楚它的意义，你才会去做？

戴芸：不是所有的事情都需要想这么清楚，我做了很多好像没什么意义的事情。但是在创作上，到目前为止，我都是想得比较清楚了再去做。

爱阅公益：平常生活里，除了创作，你还会做哪些事情？

戴芸：首先我把很多时间给了家庭，家庭里的大事小事会占据我很多时间。然后我有自己的兴趣，读书、画画、书法、跳舞、运动，疫情之前还经常去旅游。

爱阅公益：站在图画书研究和推广者的角度，对你来说，什么样的图画书是优秀的、值得推荐的？你自己心目中会有哪些标准？

戴芸：这个问题太难了。好的图画书有各种好，就像美人可以有各种美，而且不一定需要是完美的。

大家经常问一个问题——什么样的图画书是好的图画书？但是我们很少会问什么样的书是好的书。面对图画书我们会问出这样的问题，是因为我们倾向于把图画书作为一个同质的品种，把儿童作为一个同质的群体来讨论。

但是我觉得很难用一个单一的标准去衡量图画书，这个真的是要一本本地具体分析。

爱阅公益： 你未来出版的作品大概会是什么风格的？仍然是现实主义的题材比较打动你吗？

戴芸： 有各种各样的，我的风格不是很固定，之前出的这些书也很难想象是同一个人写的。我创作了一本低幼的翻翻书，叫作《臭袜子不见了》，如果顺利的话可能今年底或明年初出版。我还做了一些有文学性的软科普，也有写现实主义题材的故事，还有一些跟艺术有关的，或者完全想象的故事。总之，读者会看到不同的风格。

采访时间：2020 年 10 月 12 日、10 月 16 日

李卓颖

用彩墨画
演绎童趣

李卓颖

寻找童书的真生命

　　《公主怎么挖鼻屎》出版前，李卓颖有些忐忑。这是一个小动物们绞尽脑汁猜测公主到底是怎么挖鼻屎的故事。"家长们能接受这样一个有些跳脱的主题吗？"李卓颖不太确定。

　　没想到，书一出版就成了畅销书。家长们太喜欢了，有的家长甚至会买上好几本，送给孩子班里的同学一起阅读。小朋友同样爱不释手，让爸爸妈妈讲了一遍又一遍仍不满足。自2016年面世以来，《公主怎么挖鼻屎》的销售量已经超过三十三万册。

　　时间回拨到五年前。2011年，已经对图画书产生浓厚兴趣的李卓颖，看到了信谊图画书奖的征奖信息。临近截稿日期，留给她创作的时间已经不多了。好在李卓颖因在报社工作，已经习惯了快节奏的创作，绘画部分仅用一周时间就完成了。最终，《公主怎么挖鼻屎》获得了第二届信谊图画书奖图画书创作入围奖。

接下来是暂时的搁置。其间，李卓颖因画画过劳，手指受伤，休养过后又去荷兰留学，2013年受邀尝试绘制戴芸写的《溜达鸡》，开始了反复打磨修改的创作过程。一直到2015年，李卓颖有机会在南京与信谊董事长张杏如女士会面，借此契机开始了对《公主怎么挖鼻屎》的修改。

跟李卓颖之后的大部分作品一样，《公主怎么挖鼻屎》是用中国彩墨画的方式画成的。手绘彩墨画的创作也意味着只要画错一笔，整幅画都要重画。历经了一次又一次的重画再重画后，才有了我们看到的《公主怎么挖鼻屎》，以及在那之后许许多多有李卓颖独特风格的图画书作品。

李卓颖的那股认真劲儿从这次的采访中便能得窥一二。虽然是电话采访，收到我长长的采访提纲后，李卓颖还是提前对每个问题用文字进行了回答。

"这个问题我昨天认真地思考了一下""这个问题我昨天去查了资料""我看了您其他的采访，其他老师的回答都好深刻，希望我的不要太简单"……在采访中时不时会听到李卓颖这么说。在繁忙的创作、录课、推广活动中，李卓颖能如此认真、真诚地与我对话，让我深受感动。

李卓颖最初创作的两部作品——《公主怎么挖鼻屎》和《溜达鸡》都历经了长达五六年的创作时间，才最终与读者见面。在这看似漫长的历程中，李卓颖也在不断地积累和成长。这种成长不仅仅是绘画技法的提升，更是心境的成长，她说她变得"更自主，更坚定，更自信，更释然"了。

近几年，李卓颖的作品如雨后春笋，一本又一本地出现在读者的视野中。这些作品的故事虽各不相同，但在画面中都能看到"李卓颖式"的俏皮和灵动。通过彩墨画这种传统画法，李卓颖希望让中国孩子与自己的文化有所连接，从中国传统美学中获得启发，但并不止步于此。李卓颖明确地知道自己是在为新时代的孩子创作，她的彩墨画里要有自己的理解，以及能够打动孩子的活泼和趣味。

在《两个小妖精抓住一个老和尚》《从前有个筋斗云》等不少作品中，我们确实看到了文化的传承，又有一种耳目一新的感觉。

喜欢的事情，就要努力和坚持

小学时，每个周末都去画画班学画，从没间断过。

爱阅公益：你从河北考到了广州读书，是吗？

李卓颖：对，2003年机缘巧合下来到广州读大学，现在也生活在广州。

爱阅公益：继续在广州生活，是因为比较喜欢这个城市吗？

李卓颖：我觉得是一个非常自然的过程。在这里读书，毕业后工作，总是有做不完的事情，就这样过来了。

爱阅公益：你是因为从小就喜欢画画，所以选择了美术学院吗？

李卓颖：对，在幼儿园的时候，我就很喜欢画画。小学时，每个周末都去画画班学画，从没间断过。我幼儿园的毕业册上就写着长大了要做画家。能实现童年的理想，我还挺开心的。

爱阅公益：你大学在广州美术学院（以下简称广美）学的是展示设计专业，这个专业主要学习什么？

李卓颖：学习的内容有平面设计、博物馆和会展的空间设计、多媒体动画等等。展示设计需要学的东西很广泛。

但我更喜欢的是动画、电影、插画，所以选了很多相关的选修课。

爱阅公益：展示设计专业好像跟你感兴趣的方向不是很吻合，为什么当时会选这个专业？

李卓颖：我从小喜欢看动画片，很想学动画。2003 年的时候，开设动画专业的院校还很少，北京电影学院有动画专业，但考试时间和其他美院的考试时间冲突了，我没有去考，反倒是广美的时间刚好。而且展示设计专业的课程设置很丰富，有一门课是多媒体动画，我觉得挺有意思的。

爱阅公益：你后来又去了荷兰圣尤斯特艺术学院读动画专业，这个是毕业之后马上去的，还是工作了一段时间才去？

李卓颖：我大学毕业后工作了几年才去的荷兰，我觉得读动画是我的一个心愿。

爱阅公益：你是什么时候开始接触图画书的？

李卓颖：在大学期间，图书馆有一套《波隆那插画年鉴》，里面的插画很多都是运用在图画书当中的。我还经常去学校附近的小书店买图画书。

我想做图画书来完成大学的毕业设计，于是向老师申请从展示设计专业转到综合美术专业。我当时用了拍摄立体玩偶的表现形式，做了一系列五本图画书，得到了 95 分的高分。

爱阅公益：毕业以后也是做跟艺术相关的工作吗？

李卓颖：对，第一份工作是在美国知名的玩具企业美泰公司的深圳分公司。公司旗下有我们熟悉的品牌"芭比娃娃"等。我当时负责设计芭比娃娃的服装图案和其他周边的绘制。

这份工作内容比较单一，不能创作，不久我就辞职了，回到广州开始做卡通品牌设计，画了很多插画和漫画故事。

之后我又在面向小学生的报社做美编，为很多期刊画故事插图，累计画了上百个故事。

爱阅公益：这个时候的创作就是面向孩子的了？

李卓颖：期刊的读者是一、二年级的小学生，定位很明确，内容贴近小学生的学习和生活。那时我接触了很多儿童故事，在画的时候我也会不断思考，每一次创作都是经验的积累。

当时我画的都是作家写的故事，不能真正地表达自己的想法。后来我就想自己独立创作一本图画书，自己写故事，自己画。

用手绘传递情感

手绘效果更贴近作者当时的心境和情绪，更具有人情味和真实的质感。

爱阅公益：自己独立创作的图书，就是《公主怎么挖鼻屎》吗？

李卓颖：对，当时就画了这本书。

爱阅公益：你是画完了才看到信谊图画书奖的，还是先看到有这个奖才画的？

李卓颖：我是想给这个奖投稿，所以才画的。我非常喜欢的几本经典图画书，《月下看猫头鹰》《阿虎开窍了》等等，都是信谊出品的。

因为喜欢信谊的书，我就去看了信谊的网站，正好发现图画书奖在征文，距离截稿日期大概还有一个月的时间。

爱阅公益：所以从知道奖项到完成创作和投稿，时间很短。

李卓颖：是的，时间紧迫，整个创作过程也非常快。好在我在报社工作，习惯了紧张的工作节奏，一般拿到文稿只有两三天的时间，

注：全文中《公主怎么挖鼻屎》（李卓颖文·图）的图片来源于明天出版社。

就要交画稿。

爱阅公益：听说你为了《公主怎么挖鼻屎》的创作，加了很多妈妈群？

李卓颖：对，我想设计一本跟孩子生活贴近的书，于是就加入了一些亲子群、阅读群，想去了解家长和孩子关注的话题。

当时有位妈妈在群里提到孩子总是到处抹鼻屎，大人怎么说也不改，问大家有没有好的解决方法。原来大家都有相似的困惑，甚至有一些家长说，打骂都没用。也会有一些妈妈觉得很好笑，讲起自己小时候也是这样的。总之这个问题让家长既尴尬又为难，同时这也是孩子成长和天性中不可避免的一部分。大家讨论了半天也没得出一个标准答案。

这是一个卫生习惯的问题，但是因为不好意思说，就变成了一个巨大的秘密。我后来还请教了耳鼻喉科的医师专家，得到的答案是以不伤害鼻腔黏膜为准地去挖鼻屎，但是这个标准对于孩子来讲确实很难理解。

我就想以此为主题，创作一本引导小朋友养成良好卫生习惯的书。书应该是轻松有趣的，因为这符合孩子敏感期的特点，一说挖鼻屎，小朋友就会觉得很有趣、很好笑。

爱阅公益：你为什么会想到以公主这个点切入？我想这本书这么受欢迎，也跟"公主"和"鼻屎"形成的巨大反差有关。

李卓颖：确实这个反差很有戏剧化的效果，当时自然而然就想到了公主，挖鼻屎是一件生活中不可避免的事情，即使对公主来说也不例外。

虽然挖鼻屎是一个日常卫生习惯问题，但很多小朋友并不知道正确的处理方法，觉得很困惑。我想用这种极度夸张的公主和鼻屎的对比，给大家开个小玩笑，舒缓大家的情绪，让读者在大笑之后发现，哪怕是非常高贵的小公主，也不得不做这样的事情，但我们都可以学着用比较优雅卫生的方式来处理。

爱阅公益：书出版以后，有没有家长反馈说，读了这本书，真的改善了孩子的卫生习惯？

李卓颖：很多家长说，孩子喜欢不停地反复阅读这本书，他们看了结尾，就会知道公主是把鼻屎放在纸巾上，然后扔进垃圾桶里。孩子可以通过观察思考，学会处理鼻屎的正确方式。

我建议不要把这本书真的当作教科书，严格要求孩子一定要怎么做，这样容易使小朋友产生逆反心理。我觉得把书呈现给孩子时也要讲究方法，阅读应当是启发孩子，恰当地引导孩子，而

插画选自《公主怎么挖鼻屎》

不是说教。

爱阅公益：《公主怎么挖鼻屎》是手绘的吧？

李卓颖：是手绘的。

爱阅公益：那你们报刊的插图呢？

李卓颖：报刊的插图大部分是电脑绘图，图画书我基本是手绘的。

爱阅公益：你为什么会选择用手绘的方式创作图画书？当时画《公主怎么挖鼻屎》时间也挺赶的。

李卓颖：手绘效果更贴近作者当时的心境和情绪，更具有人情味和真实的质感。电脑很难呈现出手绘的色彩和笔触的真实感，比如说水彩的混色、水渍的边缘、纸张和笔墨之间形成的肌理等，电脑模拟得就比较生硬。

彩墨画创作的方式充满了不确定性，比如说晕染一个颜色，它的效果无法准确预计。有时候，有点儿歪歪斜斜的线条、涂出线外的色块、笔留下的痕迹也是让画面饱满生动的元素，所以我更喜欢手绘。

爱阅公益：你为什么会用彩墨画的方式画？你之前也不是学这个的。

李卓颖：用彩墨画的方式画《公主怎么挖鼻屎》，也是我的一种尝试。我觉得既然要创作一本自己的图画书，就希望可以通过自己独特的绘画手法，来表现具有本土特色的作品，通过传统的画材和画法，找到跟中国孩子有连接的元素。

我喜欢的中国本土动画里就有很多优秀作品，比如水墨风格的《小蝌蚪找妈妈》。

我认为使用电脑绘画很难找到很独特的个人风格。但画完《公主怎么挖鼻屎》之后，我获得了很多读者的认同和喜爱。

在不断修改中产生好作品

经过这次讨论，我发现对孩子的理解，对儿童观的理解，是非常重要的。

爱阅公益：《公主怎么挖鼻屎》获得第二届信谊图画书奖，当时很开心吗？

李卓颖：当时去北京领奖很开心，我还在自己的衣服上缝满了彩色毛球做的"鼻屎"。

领奖的时候遇到很多专家和前辈老师，我之前就非常喜欢周翔老师的作品，在现场见到他也很激动。他指点我去找张杏如女士聊一聊，我就去了。当时整个人有点儿蒙，现在回想起来觉得蛮好笑的。

爱阅公益：从得奖到出版又是怎样的过程？

李卓颖：得了奖之后，没有马上准备出版，我就去留学读动画了。

留学期间，编辑老师问我有没有兴趣画戴芸老师的《溜达鸡》，这部作品获得了那届文字创作佳作奖。

接下来就开始了《溜达鸡》漫长的创作过程。

画到 2015 年，《溜达鸡》的创作暂停了，开始了《公主怎么挖鼻屎》的调整。《公主怎么挖鼻屎》出版后，又继续做《溜达鸡》，然后也出版了。

爱阅公益：就是说《公主怎么挖鼻屎》到了2015年之后才正式开始修改。

李卓颖：对，之前我一直在画《溜达鸡》。

爱阅公益：修改《公主怎么挖鼻屎》的过程中，信谊的张杏如女士也给了你很多指导吗？

李卓颖：对，2015年的秋天，我有幸到南京跟张杏如女士会面，包括周翔老师在内的很多编辑老师都在场。

我们讨论了很多修改要点，主要是造型修改，注意用笔，还有前后情节的联系。

关于小蛇是怎么挖鼻屎的修改过程非常有价值。开始我画的是小蛇顽皮地把鼻屎放进了红酒杯，妈妈喝了以后觉得味道怪怪的。张杏如女士说，小蛇的行为有点儿过分，对妈妈来讲，肯定不希望孩子这样对待自己。

那该怎么修改呢？我们想了很多方案，有的是破坏了别人的生活环境，或是又引出了另外的角色，或者是前面已经有了相似的情节。我们认为修改的原则应该是不伤害别人，不伤害自己，不伤害环境。

后来张杏如女士突然提出了一个很好的建议。小蛇把鼻屎藏在了自己的杯子里，当妈妈问她要不要喝饮料时，她说："今天我不喝。"小蛇和小读者都知道这件事情，他们心领神会，又不会说出来，而且这也符合小蛇静悄悄的天性。

我以前在创作时会关注情节是否有趣，或是画面好不好看，但是经过这次讨论，我发现对孩子的理解，对儿童观的理解，是非常重要的。

爱阅公益：如果修改的话，就要全部重画，对吗？

李卓颖：对，是要全部重画，每一遍都会改一些细节，大概改了有七八遍。

爱阅公益：手绘是一个地方画错了，就全要重画吗？

李卓颖：手绘也分不同类型。手绘的彩墨画如果画错一笔，就要完全重画，因为它是不可覆盖的颜料，每一笔都要保证万无一失。如果碰到非常难画的长线条，就会反复画几次以达到最好的效果。

而油画、水粉、丙烯这些类型的手绘就不用完全重画，可以通过覆盖叠加来修改调整画面。

爱阅公益：这本书出版之前，想过会这么畅销吗？

李卓颖：完全没有，甚至有一点儿忐忑，担心大家接受不了挖鼻屎这种比较跳脱的主题。但出版后，很多读者非常喜欢这个主题，有的家长甚至会买很多本送给孩子的同学。

我想有可能图画书的阅读推广在当时已经比较成熟了，读者的观念也比较开明了。他们不会认为这个主题低俗，反而会觉得很贴近孩子的生活。当时一些相似的书也很受欢迎，比如《是谁嗯嗯在我的头上》。

所以我非常感谢读者朋友们对这本书的支持，也很感谢张杏如女士、信谊图画书和明天出版社的各位老师对这本书的出版和推广所付出的努力。

找到《溜达鸡》的轻松自在

我比较喜欢那种幽默风趣的故事。

爱阅公益：《公主怎么挖鼻屎》出版以后，就继续画《溜达鸡》，是这样吗？

李卓颖：是的。重新改的时候心态比较放松，找到了那种"溜达"的感觉，一下子就画到了书里需要的轻松自在的感觉。

我觉得书的创作是和生活相契合的，人生没有走到那一步，好像真的就创作不出那种感觉。我喜欢彩墨画，也是因为它能直接地呈现出我的心境。

爱阅公益：是一看到《溜达鸡》的故事就被打动了吗？

李卓颖：对，我就觉得这几只小鸡的性格各具特色，很有意思。但当时也觉得画好这本书很有挑战性，比如鸡的嘴尖尖的，不容易画出各种表情。

经过时间的历练，这些问题都慢慢地、自然而然地解决了。后来这些对我来讲，都可以很轻松地表现好。

爱阅公益：《溜达鸡》花了六年时间才出版，这期间你自己有哪些成长？

李卓颖：在创作的理解和绘画的技法方面有显而易见的进步和成长。看不见的是心境的成长，我更自主，更坚定，更自信，更释然了。

爱阅公益：从《溜达鸡》开始，你有很多作品是跟其他作者合作的，在故事的选择上，你有没有一些偏好或者标准？

李卓颖：第一点是看故事是否能触动我，我比较喜欢那种幽默风趣的故事。我想小读者肯定也会喜欢这种故事。

第二点是要有很强的画面感，文字要留给画面很多想象的空间。

爱阅公益：你觉得什么样的故事比较适合用水墨表达？

李卓颖：我觉得有两种类型。第一种是比较轻松幽默的故事，我的画风比较适合表现灵动的人物动态，但要表现悲情和写实的氛围就比较难了。

第二种是和中国传统文化相关的故事，因为水墨本来就是从传统文化中沉淀出来的绘画方式，表现传统文化非常贴切。

一次顺利的创作

我好像天生就有一种观察感悟的能力。

爱阅公益：你的作品《两个小妖精抓住一个老和尚》（以下简称《小妖精》）就是与传统文化相关的。这本书的创作过程可以跟我们分享一下吗？

李卓颖：读到这个故事之前，我就萌生了一个念头，我很想画与中国传统文化故事有关的书。我想画那种富有想象力、有神话色彩的故事。

后来在2019年初，我接到了这个故事，它给我的感觉跟我心中期盼的故事有点儿相似，我很喜欢。

爱阅公益：对比《公主怎么挖鼻屎》和《溜达鸡》，《小妖精》画的速度快很多吗？

李卓颖：真正画的时间差不多，但是这本书创作周期比较短。画《公主怎么挖鼻屎》和《溜达鸡》的同时，我还在留学，还做了一些其他的工作，所以过程就比较长。

我画《小妖精》的时候是专职创作图画书，时间相对集中，当年7月就基本完成了。

爱阅公益：画《小妖精》的过程中，有遇到什么困难吗？

李卓颖：这本书的创作过程比较顺利。画概念稿和人物设定时，基本是一稿过，大家看完以后，觉得确实是心目中小妖精的感觉。

整本书画完后，在封面设计上我们遇到了困难。我设计了十几稿封面，这些方案各有千秋，难以抉择。

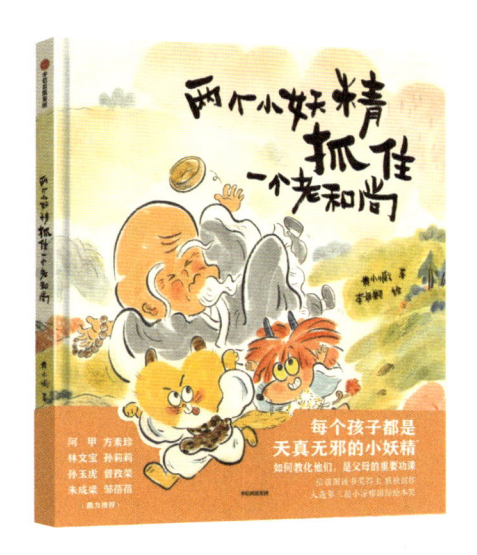

于是主编和编辑老师就带着画稿去请教资深平面设计师。后来，选定封面的同时，文字排版也进行了梳理，使得这本书从整体上得到了很大的提升。

所以一本书不仅故事、图画、儿童观重要，后续的编辑设计工作也很重要。一本好书的完成，需要团队的力量。

爱阅公益：最后为什么定了现在这版封面？在平面设计上有什么修改吗？

李卓颖：最后用的这稿是我的第一稿，也是我最喜欢的一稿。因为画面与书名非常契合且生动。

封面的文字是我手写的，"两个小妖精"和"一个老和尚"是同一级别的文字，将"抓住"放大，与其他字的层次分开，这就有了设计上的节奏感。

爱阅公益：我看你不少作品以橙色和红色调为主，还有一些

注：全文中《两个小妖精抓住一个老和尚》（黄小衡著，李卓颖绘）的图片来源于中信出版集团。

蓝色调的。在色彩上你有哪些考虑呢？

李卓颖：我画的时候，更多是源于自己的潜意识。但看了你的问题，我昨天又仔细思考了一下，这么画确实有一些内在的逻辑。一方面，中国画颜料本身就有几种经典的颜色，我非常喜欢这些温润的颜色。另一方面，图画书适合选用鲜亮的颜色，同时也需要丰富的对比变化，比如加一些灰蓝色或者赭石色的灰调子。这样的搭配会使得画面色彩既和谐又有节奏感。

爱阅公益：对彩墨画来讲，线条的把握是不是也特别重要？线条也是传情达意的重要方式。

李卓颖：中国画对线条的运用比较考究，刚学习国画的工笔画的时候，需要反复临摹古代经典作品，以此锻炼手的控制能力。线条的变化也很丰富，如中锋、侧锋、顺锋、逆锋、顿挫、转折、粗细、方圆、连断、疾徐、虚实、干湿、浓淡等等，形成千变万化的视觉效果。

当长期的训练和理论融会贯通后，画画就能功到自然成了。

爱阅公益：你小时候就学习了国画吗？

李卓颖：我不是国画专业毕业的，只是跟着家里人学一学。小学在美术班也学过一点儿，老师经常说我画得很好，可能我对国画的感知力比较强。

爱阅公益：之前看到你说小时候跟着爷爷奶奶画国画，他们是专业画国画的吗？

李卓颖：他们是离休老干部，虽然不是画家，但平日喜欢写字、画画、摄影，我耳濡目染地学了一点儿。我小时候也喜欢看漫画和艺术类书籍，记得家里有一本罗丹的雕塑作品集，印象非常深刻，我仔细地看了很久。

　　大学时我想用小雕塑创作图画书，临时向雕塑系同学请教了制作方法，就做出了很不错的作品。我好像天生就有一种观察感悟的能力，我觉得这对孩子来讲也很重要。

不传统的传统故事

> 我认为借鉴这些作品的同时，也应当融入当下的时代精神。

爱阅公益：你最近还出版了《从前有个筋斗云》，这个故事特别有趣，也蕴含了中国传统文化。能跟我们说一下这本书吗？

李卓颖：故事原名叫《筋斗云找工作》，是陈沛慈老师创作的儿童文学，几年前就获得了台湾地区儿童文学的最高奖项。后来李明华老师把这部作品改编成儿童剧，在国内巡演了上百场。

插画选自《从前有个筋斗云》

注：全文中《从前有个筋斗云》（陈沛慈、李明华文，李卓颖图）的图片来源于二十一世纪出版社集团。

我的编辑老师看了这部剧深受感动,她就联系了李明华老师,想要把这个故事改编为图画书,再找到我来画这本书。

在讨论的过程中,我们把原故事稍作修改,比如在高潮部分,加入了筋斗云撞翻小仙童车子的情节。筋斗云努力弥补自己的过失,用各种变化莫测的身形送礼物给小朋友们,帮小仙童完成任务。这个情节最能体现筋斗云的十八般武艺,通过自己的努力达成所愿的过程也非常令人感动,希望读者为筋斗云加油的同时,也能借此获得强大的内心力量。

爱阅公益:听说你为了这本书还研究了敦煌壁画?敦煌壁画对这本书的创作起到了哪些作用?

李卓颖:我看了一些有关敦煌的纪录片,正好又遇到这本书,觉得可以在这两者之间做一个连接。在创作中国古代故事的时候,我做了大量的调研工作,研究了很多壁画后,我认为借鉴这些作品的同时,也应当融入当下的时代精神。敦煌壁画的题材内容有本生、

插画选自《从前有个筋斗云》

佛传、经变、供养人和建筑彩画图案等，我从中提炼出《从前有个筋斗云》的画面元素，比如神仙、动物、植物等等。

为了让画面吸引儿童读者，我也在其中加入了一些俏皮灵动的感觉。

爱阅公益：你现在还做动画吗？

李卓颖：我很喜欢动画，但做动画需要团队，一个人没有办法承担那么高强度的工作。研究生毕业后，我把自己做的动画改编成了连载故事，这些故事后来改编成了"哆哆和优优系列"图画书出版，这也是对动画的承接和补充。

爱阅公益：除了画画，你还有其他的兴趣爱好吗？

李卓颖：我自己非常喜欢看电影、看剧、看动画、做手工，比如我之前说的小雕塑。我现在觉得撸猫是世界上最快乐的事情。

爱阅公益：我看到你的生活都安排得特别满，又要创作，还要做推广，参加各种活动。你一天及一周的时间一般是怎么安排的？

李卓颖：我的时间比较自由。每天早上6点起来吃早餐、撸猫、锻炼、晒太阳。10点开始工作到晚上，中间吃饭时间看一些节目。

周一到周五，我经常要参加各种活动、沟通、处理相关事务。到了周末，编辑老师下班了，我才有更多大块的时间来创作。

爱阅公益：你现在会通过哪些方式去提升自己的创作水平？

李卓颖：会参加一些课程，有网络的，也有线下的。去年我参加了澳大利亚水彩大师大卫·泰勒的水彩班，还有独幅版画课，等等，各种类型的艺术手法我都想接触一下。这样的学习过程，把我拉回了在校时期单纯的学习状态，我觉得也挺好。

平时我还看纪录片，听音频课，我希望未来可以更多地从生活中感受和体验，比如出去写生。

采访时间：2020 年 9 月 11 日

邹凡凡

用年轻的方式
讲述古老
以通往未来

邹凡凡

寻找童书的真生命

　　邹凡凡的书是孩子拿起就放不下的那种。她本无意成为作家，也没想着要给孩子写书，却在儿童文学创作的道路上越走越远。

　　邹凡凡把"秘密之旅"系列看作她真正创作的开始。她从小就喜欢侦探和冒险类的小说，加上二十二岁赴法留学，浸润在欧洲深厚的文化之中，所以当编辑来约稿时，她很快就想到了这个主题。这个系列由《蒙娜丽莎的秘密》《福尔摩斯的秘密》《黑骑士的秘密》组成，分别讲述了中国孩子在巴黎、伦敦和意大利的文化探险故事。

　　谈起心目中优秀的儿童文学作品，邹凡凡说："我觉得要可读性强，但这种可读性不能是格调很低的那种。"在邹凡凡的作品里，我也看到了可读性和高品位。

虽然定居法国，但"秘密之旅"完成后，邹凡凡把注意力转向了中国。她看到外国的探险小说深得孩子的喜爱，希望也能创作出跟中国文化相关的、真正属于中国孩子的探险小说。于是，就有了目前已出版七本的"奇域笔记"系列。故事的主人公是两个少年——十四岁的夏小蝉，也是"奇域古董店"的掌柜，以及她的邻居，善用各种黑科技的冯川。

可能是一张颇有故事的棋盘，或者是一套散落各处的奏乐陶俑，又或者是一幅残缺的画卷，每一个古物件，都引出了一系列追踪、探秘、冒险的故事。翻开书的第一页，上面写着"用年轻的方式讲述古老以通往未来"。没错，虽然是关于古董的故事，却是以现代的方式探寻；虽然在讲述中国的传统文化，却有世界的眼光。我想这就是"奇域笔记"的特别之处了。

除了虚构小说，邹凡凡笔下的非虚构人物传记也烙上了她可读性高、诙谐幽默的印记。我读过不少传记，但邹凡凡的"写给孩子的名人传"系列无疑是最有意思的，相信小读者们一定是脸上挂着笑容读完的。从达·芬奇开始，邹凡凡用一个一个成就非凡的名人串联起了一部近现代的文明史。她是在写个体，更是在写个体背后的时代，在写不同领域历史发展中的重要节点。

通过视频电话采访邹凡凡前，我想象这么文艺的她，会不会有点儿高冷。我还猜想，她写了这么多书，肯定一直有一个文学梦吧。采访过后发现，邹凡凡非常随和，在生活上也比较随性，连写作这件事也是各种机缘巧合之下才开始的。

我想邹凡凡可能是那种天赋型选手，天生就适合写童书，不仅写得快还写得好。在家庭的琐碎事务之中，她一年能完成六本书的创作，好像总有开不完的"脑洞"，总有各种各样的奇思妙想，总能一下子就创作出让小朋友沉浸其中的故事。

去微博上搜索"邹凡凡"，会看到很多长成大人的读者分享邹凡凡的作品对他们的影响。有人发出蒙马特高地的照片，说终于来了，这是孙漪和雅克探险开始的地方。还有人说，读莎士比亚的戏剧专题，一下子又想到了"秘密之旅"系列，那是心中永远的白月光。

期待邹凡凡用更多的作品，影响更多的孩子。

走上写作的道路，一切都很偶然

不过，后来我发现我的风格很适合给少年儿童写书，应该暂时不会考虑写成人的东西。

爱阅公益：你是从什么时候开始为孩子写作的？

邹凡凡：我给孩子写作是非常偶然的事情。高中的语文老师会布置我们写随笔，每个星期自愿交一篇，题材和字数都不限制。上高二的时候，我写了一个短篇虚构故事，老师觉得很有趣，就把文章发到了校刊上。江苏凤凰少年儿童出版社旗下有一个杂志叫《少年文艺》，他们的编辑正好在我们的校刊上看到了这篇文章，就把它登到了《少年文艺》上。

这个小故事登了以后还挺受小读者喜欢的，当年得了杂志的好作品奖。

然后我就上大学了，大学期间也断断续续给《少年文艺》写过几次稿，当时与我对接的编辑后来去做图书了，想寻找一些新的作者，就找到了我，问我有没有兴趣写长篇的作品。那时候我已经到法国了，大概二十五岁。就这样，我开始写长篇，这才发现跟写短篇完全不一样，只能自己慢慢摸索。

第一本书卖得很一般，印了一次就没再印了。

爱阅公益：这本书叫什么名字？

邹凡凡：这本书叫《435女生宿舍》，写的是大学时候的生活。当时虽然卖的很一般，但也有不少读者对这本书印象深刻。这本书今年也要再版了（作者注：现已再版重出，更名为《又忧伤又美好》）。

《435女生宿舍》出版之后，我继续在公司里面工作，也没有想过要继续写作。又隔了几年，很巧的是，当时《少年文艺》的一个叫孙玉虎的小读者当了北京《儿童文学》杂志的编辑，现在已经是业内颇有名气的编辑了。他找到了自己以前读过的作品的作者，请他们来写长篇，其中也包括我。

我走上写作的道路，一切都非常偶然。一是我没有想过从事写作的工作。二是我没有特别想过要给孩子写书，但好像一直在给孩子写东西。不过，后来我发现我的风格很适合给少年儿童写书，应该暂时不会考虑写成人的东西。

要说我真正开始专注于儿童文学创作，其实也没多少年。从"秘密之旅"系列算起的话，也就七八年。

爱阅公益：那这七八年就是全职写作了？

邹凡凡：最近三四年是的。刚开始写"秘密之旅"的时候我还读了一个博士。我刚来法国的时候是读硕士，然后就工作了，到了三十多岁才又读了博士。

爱阅公益：你之前的创作很多都是别人约稿，如果没有约稿，你自己会有先创作再投稿的冲动吗？

邹凡凡：说实话不太有。一是之前确实特别忙，二是编辑的邀约好像没有断过，光是这些就已经把日程排得很满了。因为虽然都是编辑约稿，但是写什么内容是自发的。一直到现在，我写的所有东西都是自己想写的，还没有出现过编辑说"这个题材挺火，你也写一下"这种情况。

爱阅公益：你之前在北京外国语大学读的是什么专业？

邹凡凡：英语和国际商务两个专业。

爱阅公益：那个时候也没有做太多的创作？

邹凡凡：没有，就是进行个别的短篇创作。

爱阅公益：后来你为什么会想去法国留学？

邹凡凡：我的人生选择都非常"偶然"，随遇而安。我中学在南京外国语学校的英语班，大学也是英语专业，留学还是想去英语国家。但很不巧，我们是"9·11"之后第一批去申请签证的人，那一年很难拿到去美国的签证，父母也担心赴美的安全，所以就没去成美国。

因为自己一直想去美国，所以就只申请了一些类似"备胎"的英国学校，自己不是特别满意。后来就想，还不如去法国，可以学点儿法语，在欧洲大陆旅游也方便，就抱着一种游学的心态到了法国。

去法国的时候绝对没有想过会在法国待这么长时间，到今年已经待了十八年了。

之所以会留在法国，一是因为毕业实习之后误打误撞地找到了工作。二是结婚以后，我感觉已经在法国成家立业了，于是随遇而安地留在了法国。我先生也是南京人，是我的中学同学。

爱阅公益：后来的工作都是哪种类型的？

邹凡凡：我在法国读的是国际市场营销的硕士，是一个英语授课的项目。刚到法国的时候，我连法语有几个字母都不知道。

毕业后，我先后在两个公司里工作。第一份工作是在一家软件公司的市场营销部门，工作几年以后我又到了一个小的咨询公司，专注于研究国际上一些高科技的应用，我主要做亚洲（尤其是中国）的市场分析。

后来有了孩子，需要分更多时间给家庭，没有条件从事全职工作，我就决定去读博士，也是管理类的。博士毕业之后到现在就以写作为主。

"秘密之旅",东方少年的西方探险

原来他们只是做梦的少年,
现在他们真的有能力去实现梦想。

爱阅公益:"秘密之旅"系列是你读博期间写的吗?

邹凡凡:在第二个公司工作的时候就开始写了。因为我有手写的习惯,所以记得特别清楚。

爱阅公益:整本书都会手写吗?

邹凡凡:不是全部,但是每个章节刚开始,情节还没有理得特别顺的时候,我喜欢手写。到后面感觉差不多了,再往电脑上打。

不过"秘密之旅"的第一本《蒙娜丽莎的秘密》是全手写的。写完以后,把每一页扫描下来,发给南京的一位打字的姑娘,让她帮忙打出来的。

爱阅公益:那是哪年?

邹凡凡:大概是 2012 年。

注:全文中"秘密之旅"系列(邹凡凡著)的图片来源于云南出版集团、云南美术出版社。

爱阅公益：编辑让你写长篇作品，你怎么就想到写这个系列了？

邹凡凡：目前看到的"秘密之旅"三部曲（《蒙娜丽莎的秘密》《福尔摩斯的秘密》《黑骑士的秘密》）是改版重出的。在这之前出过一次，叫作《列奥纳多的秘密》《贝克街221号的秘密》《黑骑士的秘密》。

第一本的一部分最早是在《儿童文学》上连载的。他们先连载了几章，然后再让小读者去买书看。一开始写的时候，我就想好了要写三本，法国、英国、意大利各一本，这三个国家是我在欧洲最熟悉、最有感情的三个国家。

因为我个人的经历，很容易就想到写一个中国孩子到欧洲国家冒险的故事。一是我来到法国生活，也会感受到一些文化的交流和碰撞，二是我本人从小到大就比较喜欢冒险类和侦探类的书。

有很多作者是编辑或者中文系出身的，但我从小到大，严肃文学接触得都不是很多，到现在年纪挺大了，才开始自己补一点儿。

因为我小时候喜欢看情节性强的书，我也愿意给现在的中国小读者写一套这样的书。国外这种类型的书实在太多了，我女儿现在看的书，很多也都是冒险类的。

爱阅公益：你小时候都喜欢看哪些书？

邹凡凡：我小时候看的书也挺杂的，什么类型都有，既看安徒生、儒勒·凡尔纳，也看金庸、古龙，四大名著的连环画版我都看过。中学时代印象比较深的有《绿山墙的安妮》《小妇人》《乱世佳人》以及简·奥斯汀和查尔斯·狄更斯的小说等等。"福尔摩斯"系列我小时候也很喜欢。到了大学，要看英文原版书学英文，很多原版书看得也挺费劲的，我就买了阿加莎·克里斯蒂的全套侦探小说。我记得大学的时候看她的书，看到最后几页宿舍熄灯了，心里特别着急，就只能打着手电筒继续看。我们这一代人还看过很多漫画，日漫的情节性也是很强的。

爱阅公益：创作"秘密之旅"你需要做哪些准备？

邹凡凡：《蒙娜丽莎的秘密》这本书基本没有什么需要准备的，因为提到的内容都是很熟悉的了。

爱阅公益：如何偷画的情节，是你"脑洞大开"想出来的吗？

邹凡凡：对，就是"脑洞大开"想出来的。《蒙娜丽莎》这幅画在历史上也真的被偷过。据说在1911年8月的一个闭馆日，卢浮宫里没有游客，看守《蒙娜丽莎》的守卫也去休息了。当时卢浮宫的一个员工把画摘了下来，藏到了杂物间。在离开时，他把画藏在自己的衣服里溜走了。

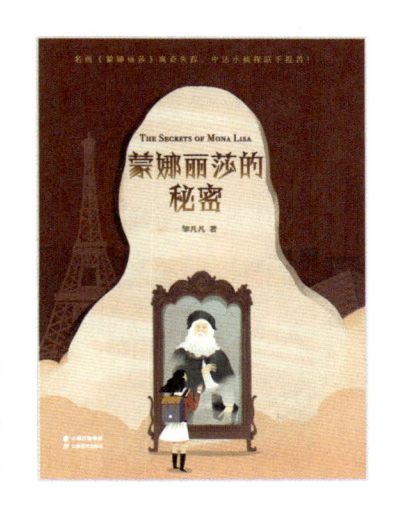

当然我书里偷画的情节跟历史上是不一样的，但我很容易就想出了书里的设计。

第二本《福尔摩斯的秘密》是在英国伦敦的故事，我想到以福尔摩斯为切入点，然后再在这个基础上开始发散，"开脑洞"。

我从初中开始就在外国语学校学习，对英国文化非常亲近，英国文化实际上超过了法国文化对我的影响。我以前读的书，很多都是英国作家写的，小时候学的英语教材也是英国人编的，所以我对英国的景点、习俗、文化等都有沉浸式的了解。

我曾经在一本书的序里说："在我真正到达英国之前，我早就来过了。"后来，我也真的去过很多次英国。

写意大利的那本书（《黑骑士的秘密》）做的功课要多一点儿，因为它是一个公路剧，走遍整个意大利。相比法国和英国，我对意大利的了解稍微少一点儿，但也去过五六次。

爱阅公益：当你想到要写伦敦和意大利的时候，要去实地考察吗？

邹凡凡：不用去，因为很多地方之前已经去过，很了解了。现在网络上的资料也很丰富，就算没去过的地方也能写。就像"奇域笔记"那套书，里面提到的很多中国城市我也没去过，比如我到现在都没有去过西安。

爱阅公益：没去过也能写得这么细致，好厉害。

邹凡凡：首先你得知道有这么个东西，不能凭空编出来。我写作的时候旁边都会放一个地图，一边对照一边写。

爱阅公益：你是一个特别喜欢旅游的人吧？

邹凡凡：我还挺喜欢旅游的，但也不会像真正的旅游达人那样去那么多的地方。二十二岁到法国后，一有假期，我就会和朋友或者家人去一些地方玩。我去过的地方的数量并没有那么多，但是喜欢的国家会去好多次。

爱阅公益：你在书里对很多地点都做了细致的介绍，感觉你的知识特别丰富。在旅游的时候，你会怎么做功课？有哪些方法可以吸收和学习这么多知识？

邹凡凡：上高中后，我对艺术方面的事情越来越感兴趣。到法国后的第一个假期，我就去了佛罗伦萨。那时候，我的网名叫"佛罗伦萨的笛声"。因为有一天黄昏，我在佛罗伦萨听到有人吹笛子，那一瞬间觉得特别美，非常感动。后来，我给自己取了个法语名字，就叫 Florence（佛罗伦萨）。不过那次去佛罗伦萨也是走马观花，找到最著名的景点看一眼就算了。

后面我开始慢慢地对人文和艺术更加关注。因为兴趣，我还在卢浮宫学院学过一年的艺术史，每个星期一节课。去旅游之前，我也会做功课，知道了一些比较偏僻和小众的人物和地点。

最近几年，巴黎设立了一个"博物馆联盟"，卢浮宫、奥赛博物馆等等都在里面。这个联盟为了吸引更多的中国游客，想找一个住在巴黎的中国人来配合博物馆组织一些活动。他们就找了我，让我当指导老师，给在法国的华裔孩子或者从中国来的年轻游客进行一些讲解，开展课程和艺术工坊。

我很感兴趣，大概一年会办五六次这样的活动。因为卢浮宫这样的地方已经不需要吸引游客了，所以我们主要是在稍微小众一点

儿的博物馆里办活动，比如奥赛博物馆、橘园美术馆、毕加索博物馆等等，虽然我本人特别不喜欢毕加索。

我还在自己的公众号上写文章，也经常给小朋友写旅行类的文章，这些都是对知识很好的梳理。很多东西如果不写出来，可能就忘掉了。

爱阅公益：我还有一个好奇的问题。我自己之前在英国寄宿学校学习，看到你在《福尔摩斯的秘密》里描写的英国寄宿学校生活，觉得挺真实的。你是怎么了解这方面的内容的？

邹凡凡：有句话说得好："没吃过猪肉，还没看过猪跑吗？"

我学习英国文化，以及看英剧和英国小说的时候，都会把各种七零八碎的信息储存到脑子里。书里有一些小的细节，比如英国的高中课程考试，我咨询过在英国学习的表弟。其他大部分资料都是调用平时积累的东西。

爱阅公益："秘密之旅"收到过很多小朋友的反馈吗？在网上看到不少人说从小就读你的书。

邹凡凡：收到了很多。因为出版的时间比较久了，从第一版一直到现在都会有小读者给我留言，而且内容非常感人，说什么的都有。有人说这套书给他们打开了一扇窗；有人说他们因此去学计算机，去学新闻，去法国、英国留学，等等；还有人说到欧洲旅行就是按照书中的路线。我听了以后还有点儿后怕，希望没有误人子弟。

七八年的时间，很多人从小学生变成了大学生。原来他们只是做梦的少年，现在他们真的有能力去实现梦想，这一点对作者来说是很感动的。

最有意思的"名人传"

有必要有这样一套书，以严谨但轻松的方式传递这些知识给小读者们。

爱阅公益：你是写完"秘密之旅"系列之后，就写了"写给孩子的名人传"系列吗？

邹凡凡：是的，是紧接着的。

爱阅公益：创作"写给孩子的名人传"的起因是什么？

邹凡凡：一开始也是编辑约稿。编辑是我的好朋友，从写《435女生宿舍》的时候就认识了。当时她还是中文系的研究生，实习的时候校对了《435女生宿舍》。她当了正式的编辑之后，看到我写的"秘密之旅"都是与文化相关的，我也对文化感兴趣，所以就建议我做一套"写给孩子的名

注：全文中"写给孩子的名人传"系列（邹凡凡著，王可绘）的图片来源于江苏凤凰少年儿童出版社。

人传"。

我听了以后觉得很好，有必要有这样一套书，以严谨但轻松的方式传递这些知识给小读者们。现在这种"写给孩子的……"很多，但当初我们做的时候，真的是非常领先的。

做这套书的时候我们特别关注这三个方面。第一个是市面上很多的名人传记，不管是写给孩子的，还是不是写给孩子的，里面都有一些我们觉得没必要让孩子在这个阶段知道的内容，比如说私生活方面的事情。

第二个是希望写作的方式是适合孩子阅读的，可以用比较轻松有趣的方式讲述名人传记。

第三个是我们觉得虽然是传记，但是我们不想让它变成"鸡汤"。"鸡汤"的写法可能就是不停地向孩子灌输名人怎么努力，但具体到这些名人的成就的内涵与重要性，孩子并没有很好地理解。

举两个简单的例子，孩子读完《莫奈与印象派》这本书，应该要大概知道什么是印象派，印象派的作品有什么内在特征，而不是只要一幅画看不太清楚就是印象派。更重要的是，了解印象派诞生的时代背景，这样一来，艺术就与科学技术、发明创造联系在了一起，《莫奈与印象派》就与同系列的《凡尔纳与科幻小说》联系在一起，从印象派到巴斯德，织起一张时代的大网。

再比如，孩子读完《达尔文与生命密码》，应该知道《物种起源》大致讲述了哪些内容，它的重要性与颠覆性到底在哪里，为什么直到现在仍然让一些人视若蛇蝎，应该能够回答诸如"动物园里的猴子为什么没变成人""如果陆地动物都是从鱼进化来的，海里不是就没有鱼了吗"之类的问题。

在这套书里，我并不仅仅是写某个人的生平事迹，而是以这些天才人物为历史的节点，织起一张大网，让孩子去了解从文艺复兴一直到现在的文明史。目前最新的一本是关于航空航天的，包括火星探测器、"龙"飞船……直接通往未来。

爱阅公益： 你第一本写的是谁？

邹凡凡： 第一本写的是达·芬奇，有三个原因。第一是因为人类的近现代文明史可以以文艺复兴、科学革命为起点。

第二是我刚写完《蒙娜丽莎的秘密》，对他的感觉还是热乎乎的。

第三是我觉得达·芬奇可以说是人类天才的范本，当我们提到天才大师的时候，他总会出场。他作为通识人物的典型代表，也非常符合我们这套书的理念。

爱阅公益： 你在写这些人物传记的时候需要做哪些研究？

邹凡凡： 这个系列就要做比较多的研究了。主要的信息来源有经过认可的严肃传记，我也会去靠谱的网站和书籍中找资料。为了写得比较活泼、有画面感，我还会看一些纪录片，比如英国广播公司（BBC）和探索频道（Discovery）的。

爱阅公益： 有没有写哪个名人的时候遇到了比较大的困难？

邹凡凡： 有。比如说写爱因斯坦的时候，我需要用浅显的语言把他的理论告诉孩子。首先我得自己大致搞懂相对论、量子力学等等是怎么回事，才能用自己的语言表达出来。

爱阅公益： 感觉你是一个学习能力和信息整理能力很强的人。

邹凡凡：我的学习能力还行，尤其是在读了博士之后。在写博士论文的时候，就需要做大量的资料收集工作，然后在此基础上归纳总结，把自己的想法"填"进去。

爱阅公益：所以虽然读的是管理类的博士，但是对你的写作还是有帮助的。

邹凡凡：是有帮助的。不过写博士论文的时候我发现自己非常不适合做学术研究，写论文不像写小说，完全不能编，写得特别痛苦。

爱阅公益："写给孩子的名人传"写得特别幽默有趣，是一开始写的时候，就想着用这种风格来写吗？

邹凡凡：我的语言风格本身就是这样的，就连写朋友圈都是比较轻松的。

爱阅公益：但我感觉对比"秘密之旅"，"写给孩子的名人传"的语言还更幽默。

邹凡凡：对，有点儿放开了的感觉。写小说的时候还要根据情节来调整语言。"写给孩子的名人传"是非虚构类的，把事实和信息告诉小读者就行了，就更放得开了。

爱阅公益：你平常生活中是一个特别幽默的人吗？

邹凡凡：写作的时候比较幽默，平时还挺正常的。

爱阅公益：我看到你说一年能写四本"写给孩子的名人传"，效率好高哇。

邹凡凡：对，一年写四本。我的写作速度是比较快的，但主要也是因为最近这几年大部分工作都是写作。

爱阅公益：你收集了那么多资料，如何选择将哪些呈现到书里？

邹凡凡：要做很多选择。名人传看似是写一个人，其实里面会写到很多人。就像运动员入场，前面是一个举旗子的人，后面还有一串人。还是以《达尔文与生命密码》为例，达尔文是前面举旗子的，他后面还有很多其他与生命科学相关的人，比如做豌豆杂交实验的孟德尔等等，一直写到最新的基因科学。

再比如在《牛顿与启蒙时代》这本书里，从伽利略开始写，启蒙时代里的很多人物，包括伏尔泰等等也都介绍了。因为每一本的字数也不是很多，具体写什么不写什么，还是需要认真斟酌的。

爱阅公益：在《莎士比亚与戏剧先驱》里，讲到莎士比亚的阅读能力的时候，你写道："比如作者本人，正是那种罕见的合上小说最后一页就已经忘了主人公姓名的读

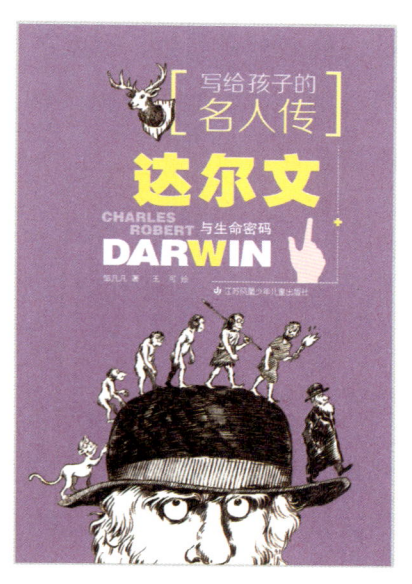

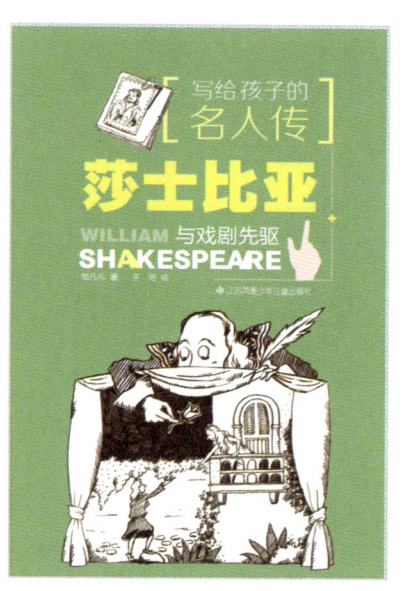

者。"我很难想象，你知识这么渊博，应该记忆力非常好吧？

邹凡凡：在"写给孩子的名人传"系列里面，经常会有一些我对自己的嘲讽。虽然是为了幽默的效果，但每一个嘲讽的点都是真实的，比如五音不全、不认路等。我确实不属于记性特别好的那种人，看外国小说，如果里面人物的名字特别长的话，我要看好多页才能弄清楚谁是谁。

爱阅公益：你一般是怎么搜集、归纳和调用这么多信息的？我的记忆力就不太好，想跟你取取经。

邹凡凡：我会先把所有能找到的、我觉得有用的信息过一遍，我的记忆力虽然不是特别好，但是在脑海中过了这一遍以后，大致就知道我要写哪些人和哪些事情了，大致的框架就搭起来了。具体写的时候，哪些是记不清的，或者需要再深入挖掘的，我再去细化资料，把它们填进去。

"奇域笔记",属于中国孩子的文化冒险

我最基本的出发点还是写一个好看的故事,同时又是一个有文化、有格调的故事。

爱阅公益:"奇域笔记"系列的创作初衷是什么?

邹凡凡: 在我写"秘密之旅"的时候,就已经有读者问我有没有计划写与中国文化有关的故事,当时我回答说"这三本就写欧洲"。但后来"秘密之旅"写完了,我想写的冒险故事还有很多,我们确实也可以在中国大地上展开冒险。

"奇域笔记"比较特殊的一点是,它虽然与中国文化相关,但视野是国际化的。比如说第四本《一片青花瓷》的背景就是在伦敦。

有人问为什么中国瓷器的故事发生在英国,我觉得,如果讲到中国瓷器,就仅仅把眼光局限在中国,那真是太低估中国瓷器的影响力了。不夸张地说,它在某种程度上影响了世界史的进程。当时,欧洲的贵族需要用大量的钱购买瓷器等中国货物,因此造成了中国

注:全文中"奇域笔记"系列(邹凡凡著)的图片来源于浙江少年儿童出版社。

的贸易顺差，欧洲人在南美开采的白银大量流入中国——这对中国是不是好事呢？这个问题也很复杂，还有人认为这反而加速了明朝的灭亡。再到后来英国通过东印度公司大量贩卖鸦片到中国以获得贸易优势，这一系列事情，都跟瓷器是有关系的。

再比如讲丝绸之路的《羊皮纸地图》，这本书讲东西方的相遇，眼光也是非常国际化的。

爱阅公益：在法国写中国故事，做相关研究的时候有挑战性吗？

邹凡凡：肯定会有。其实我原本对中国文化并不太了解，小时候历史学得不怎么样，后来一路又学英语，所以写"奇域笔记"的时候会有一些吃力。在写作的过程中，除了查找资料，我也会向一些懂行的人请教。

但是不管怎么说，"奇域笔记"和"秘密之旅"一样，它们都是小说，我最基本的出发点还是写一个好看的故事，同时又是一个有文化、有格调的故事。而不像有些书，主要罗列信息，故事可以说不存在，情节也是可有可无的，属于"伪小说"。"奇域笔记"好的地方在于，把里面的知识抽掉，本身也是一个很好的故事。

爱阅公益："奇域笔记"的每一本都有不同的主题，这些主题是怎么决定的？

邹凡凡：首先，有一些是非写不可的，比如瓷器、字画，之后应该还会有青铜器、玉器相关的内容。这些东西是讲到中国文物时都会提到的，不提感觉不完整。

其次，会有个人的兴趣爱好。比如《黄花梨棋盘》，因为我家里有很多人下棋，我本人对人工智能等主题也非常感兴趣。再比如《羊皮纸地图》，我去年自己去了敦煌旅行，从旅行中获得灵感，产生了创作这本书的冲动。

最后，有时也会考虑一些热点，比如《远古守护者》中提到了最近申遗成功的良渚古城遗址。

爱阅公益：我在后记里看到，你父亲就是古董爱好者。

邹凡凡：对，他就是这样一个人，很有意思。他搜集的那些东西里有真有假，大部分属于不太值钱的旧物，但有个别还不错。

我对一面铜镜印象很深，我爸说是我的太爷在新疆的时候挖出来的。后来，有一场专家到南京开的古董鉴定会，我爸让我把铜镜拿过去给专家鉴定，居然还是真的。

爱阅公益：你父亲对古董的喜欢对你有没有潜移默化的影响？

邹凡凡：其实也没有太多，你看我历史学得也挺差的。影响的话，可能就是我挺喜欢那些乱七八糟的小东西，但孩子可能都喜欢那些乱七八糟的东西。到法国以后，街头巷尾的旧货摊上琳琅满目的都是各种小玩意儿。我很喜欢这些东西，就会去淘一点儿。那些贵的肯定也买不起，就是觉得好玩儿。

创作贴近现代孩子的作品

我觉得关键是让孩子自己感兴趣，产生内在的驱动力，渴望去学习，去探索更多的东西。

爱阅公益：可以看得出来，你很关注作品的趣味性。除此之外，在创作儿童文学的时候，还有哪些你关注的点？你觉得什么样的作品是优秀的儿童文学？

邹凡凡：我觉得要可读性强，但这种可读性不能是格调很低的那种。有的人会用品位很低的东西去吸引孩子的眼球，我觉得这对孩子是很不好的。

在这个基础上，能让孩子学到东西或者感受到真情实感那是最好的。学到知识和感受到真实情感并不一定要同时都有，两者有一个也可以。

另外，我希望我能写出一些更加现代的、更贴合现在城市孩子的作品。有部分作者，他们写的东西确实非常好，但是和现在城市孩子的生活可能没那么贴合，我觉得需要各种各样不同的作者给孩子不同的东西。

爱阅公益：你现在一天内的创作时间是怎么安排的？

邹凡凡：虽然现在主要是在家里写东西，但其实真正落到创作上面的时间也不是很多。家里有两个小孩儿，真的是很"恐怖"。今年先是隔离了四个月，稍微上了一段时间学，又开始了两个月的暑假，真的是要"疯"了。早上刚起床没多久，过一会儿就要吃中饭了，然后又要吃晚饭了，家里还有各种各样的噪声，根本没有办法集中精力。

我每天上午比较清醒一些，就集中精力写。到了下午又要处理各种各样乱七八糟的事。

爱阅公益：基本上每天就写一个上午，一年还能写四本"写给孩子的名人传"，再加两本"奇域笔记"？

邹凡凡：对，我不写的时候，也会一直在想。比如洗澡的时候，一个人散步的时候，晚上躺在床上还没睡着的时候，我都会想。

爱阅公益：两个孩子有给你的创作什么启发吗？

邹凡凡：平常的生活里面没有特别多。我女儿今年十一岁，正好也是我目标读者的年龄，她就很喜欢看冒险类的书。现在在中国，以"哈利·波特"系列为代表的外国冒险类书籍很受欢迎，但是我们也不能只看外国作家写的东西。我写"奇域笔记"有一个非常坚定的目标，它虽然是文化冒险的题材，但是要和中国文化有关。

现在的家长都觉得学习英语很重要，但是要真正和国际接轨，文化和视野也要跟得上，不是光会说两句英语就行了。这不是说外国小孩儿学什么我们也学什么，不是让中国小孩儿变成外国小孩儿。我们最大的优势还是自己的文化本身，还是那些真正属于自己的东西。

我一路看着孩子在法国接受教育，感触也很深。法国孩子的阅读量远远超过中国孩子，他们读很多书。当然我们也不能怪中国孩子，因为他们的学业压力太大了。

在隔离之前，离我们家最近的图书馆要关闭了。那个时候超市里面没有什么人去囤厕纸和水，但是在图书馆关闭的前一天，大人和孩子拎着麻袋，拖着小车就来了。在那个图书馆，每个孩子每次能借三十本书，整个图书馆都被借空了。

爱阅公益：你对自己的两个孩子，会做哪些艺术或者通识教育方面的培养和引导？

邹凡凡：对我自己的孩子，我没有特别去做这方面的工作，因为法国的学校和社会在这一块已经做得很好了。相比而言，中国的孩子可能更需要补这一块，这几年或许还好一些，像我小时候，艺术教育是完全缺失的。我现在也在爱奇艺、小鹅通等平台上录一些相关的课程。

法国的课程本身已经是比较偏向通识的了，艺术教育方面法国更是发达。从幼儿园开始，老师就会带他们到博物馆和美术馆去，但并不是以灌输知识的方式。我特别反感学什么东西都像考试一样，看到一幅画就说这是谁画的，是什么流派的，哪一年画的。我觉得不应该是这样的，而应该让大家在艺术的氛围里去感受。

我之前也提到我们比较喜欢旅游，在旅游的过程中，我和孩子们也会以谈话的方式交流，有时候我知道得多一些，有时候孩子们知道得多一些，就互相探讨。

我觉得关键是让孩子自己感兴趣，产生内在的驱动力，渴望去学习，去探索更多的东西。比如我女儿就对两次世界大战非常感兴趣，相关的电影、书、展览，她都要求去看。孩子自己见得多了，就会找到感兴趣的点。学习可以是一件很快乐的事。

采访时间：2020 年 9 月 4 日

陈振盼

好的科普书籍要有好故事

陈振盼

陈振盼迟到了一会儿。约定视频采访的时间过后，他匆匆打过来："不好意思，刚才在哄孩子睡觉，一下子忘记时间了。"

视频里的陈振盼和网上的照片差别不大，有着干净利落的寸头和立体的五官。陈振盼是混血儿，母亲的家族数百年前从英国移民美国，父亲是华裔，来自广东。开始采访时美国已是夜里，暗暗的灯光下仍能看出陈振盼皮肤黝黑，是典型户外爱好者的模样。陈振盼在新罕布什尔州度过童年，现定居佛蒙特州。美国东北部的这两个州紧挨着，州内青山连绵，森林覆盖，对喜爱户外徒步的陈振盼来说是最棒的居住地了。

今年四十二岁的陈振盼是一名图画书作家和插画家，以创作非虚构类作品为主。众多主题中，他对自然情有独钟。美国亚利桑那州的大峡谷，美国西海岸的红杉、珊瑚礁，厄瓜多尔的加拉帕戈斯群岛[①]等等都是他的创作对象。他对自然和自然史感兴趣，因为它们讲述了更为宏大的故事，是对世界起源的追溯。

"这令我着迷，我了解得越多，就越觉得自己与整个世界联系在了一起，我们所有人，所有植物、动物，甚至地球本身，都有一个共同的故事。"陈振盼说。

2018年，《大峡谷》获得凯迪克荣誉奖（以下称凯迪克银奖）和罗伯特·F.塞伯特信息图书奖章银奖（以下称塞伯特银奖）等多项大奖。在凯迪克奖长长的评选名单中，受到垂青的科普作品可以说是凤毛麟角。获奖后，陈振盼咨询过凯迪克奖的评审委员会成员，得到的回答是"凯迪克奖很看重作品中的故事"。故事是许多科普图画书缺少的，而故事性正是陈振盼作品的特点。

陈振盼的创作抓住了图画书这种艺术形式最大的特点，并借此让科学知识变得有故事性，有互动性，有生命关怀。文字部分，陈振盼用准确清晰的语言冷静地讲述科学知识，而图画部分，他则选择更为自由和有想象力的方式表达。陈振盼作品里的图画需要承担多种功能，除了传递科学知识，还需要讲述连贯的故事，传达情感。

因为陈振盼对故事和情感的重视，读他的书，读者总会被带入主人公的旅程，触摸到主人公的体验和感受。比如在《穿越侏罗纪原始森林》里，小男孩一走出纽约地铁，就被眼前好似能通天的巨大红杉惊住了，他抬着头，张大了嘴巴，眼里都是

[①] 加拉帕戈斯群岛现名科隆群岛。——编者注

震惊。又比如在《大峡谷》里，当小女孩通过化石看见了十二亿年前大峡谷的样子时，她叉开了腿，身子微微向后倾斜，眼睛睁得大大的，从动作到表情都表现出她的惊讶和好奇。

创作《大峡谷》时，陈振盼的女儿还小，他常带女儿去森林徒步。当他想到可以以父女的徒步之旅作为故事的主线时，他马上意识到这是一个好主意。"因为我清楚地了解主人公的情感。"陈振盼说。

对陈振盼来说，分享科学知识固然重要，但他并不满足于此，他更关注儿童如何感知科学，他希望捕捉创作主题的本质和精神，希望自己的作品能让那些原本对科学不感兴趣的孩子，也能找到进入书籍的通道。

优秀科普书籍的要素

一本好的科普书和任何一本好书一样，
都要有一个好故事。

爱阅公益：你自己写、自己画的图画书都是非虚构类的科普书籍，而你和其他作者合作的作品也以非虚构类为主。是什么让你喜欢非虚构类的创作？

陈振盼：我写非虚构类作品是因为我特别喜欢学习科学知识，并乐意分享我的所学。

爱阅公益：你觉得优秀的科普书籍需要具备哪些要素？

陈振盼：我认为一本好的科普书和任何一本好书一样，都要有一个好故事。故事能紧紧抓住读者的注意力，促使孩子一遍又一遍地阅读。如果读者因喜爱而再次回到书中，他们就会学习到书里的知识。不过，并不是每个读者都是被故事吸引的（我的一些书里只有很简单的故事），有的读者是因为图画再次阅读，有的是因为书里的知识。

爱阅公益：在你的科普作品里，我们确实都能看到一个好故事。比如在《穿越侏罗纪原始森林》《穿越寒武纪珊瑚礁》《大峡谷》中，科学知识都是通过主人公在自然中的探索呈现出来的。在这个设计上，你有哪些思考？

陈振盼：我是在创作《穿越侏罗纪原始森林》时想到这个设计的。《穿越侏罗纪原始森林》里提出这样一个设想：读者看到的文字，就是主人公在她的书里读到的内容。因为文字部分是完全真实的，是知识性的，我便可以在插画中加入一些想象的元素。我认为非虚构类作品中也可以有想象的画面，因为事实和虚构之间有清晰的界限。我觉得故事是吸引读者最好的方式，所以我的科普作品里都有人物。

我的书讲述科学知识，也重视儿童对科学的体验。

爱阅公益：在这么多科学主题中，你好像对自然和自然历史格外感兴趣？

陈振盼：我对"事物如何发展到今天的模样"这一主题很感兴趣，这也包括人类历史。但我很喜欢自然历史，是因为它讲述了一个更大的故事。动植物的起源是什么？山海最初的形态是什么？宇宙是如何形成的？生命是怎么诞生的？这令我着迷，我了解得越多，就越觉得自己与整个世界联系在了一起，我们所有人，所有植物、动物，甚至地球本身，都有一个共同的故事。

爱阅公益：对于像宇宙起源这样宏大的起源故事，我们所知道的很多都是基于现有证据的推断，真实的历史仍然存在不确定性。讲述这样的主题，挑战会不会很大？

陈振盼：讲述起源故事的科学家一直都在大误差中工作。有很多问题永远得不到解答。作为一名作者，我需要了解我们知道什么，我们为什么认为我们知道，我们知道的不确定性有多少，故事里还有哪些漏洞，科学能告诉我们多少细节，以及我们不知道什么。追溯的时间越久远，我们了解的细节就越少，只能知道大概的框架。

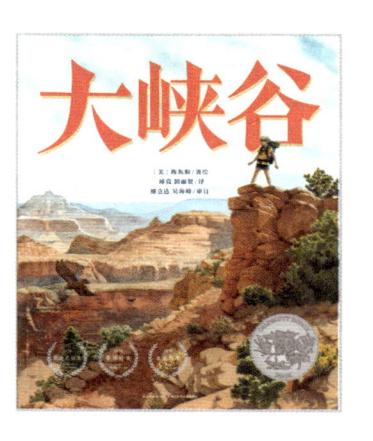

爱阅公益： 你会把这种不确定性展现给儿童吗？

陈振盼： 如果在一门学科里，有一些科学家还没有回答或者无法回答的大问题，我会把它们呈现出来。比如说在我的图画书《大峡谷》中，没有人知道大峡谷的年龄。科学家估算的年龄从六百万年到六千万年不等，不同的证据指向的年龄差别很大。我在书的最后也解释了这一点，因为我认为让孩子们知道科学中有未解的问题，知道科学家们是基于证据工作的，这很重要。

至于在书中会包括哪些细节，大部分情况我会写已经比较成熟的科学研究成果。但有些时候，我会选择一些新的研究成果。举个例子，我在《大峡谷》里介绍了史前鲨鱼，对这种鲨鱼的叙述是基于一位古生物学家及其团队的研究。他们发现了一些化石，把相关情况写了下来，并发表了关于化石的报告。看到这个研究报告后，我和另外一位古生物学家进行了沟通，他确认我可以使用这个新的研究成果。他的话打消了我的疑虑，我决定把史前鲨鱼写进书里。

注：全文中《大峡谷》（[美]陈振盼著绘，邱亮、田丽贤译，邢立达、吴海峰审订）的图片来源于长江出版传媒、长江少年儿童出版社。

传递大峡谷的精神

这本书的创作就像完成一个不知道能不能成功的复杂拼图。

爱阅公益：因为古生物学家研究的都是很多很多年前存在的物种，现在能找到的证据十分有限。在《大峡谷》中，你需要通过化石证据来重新构建很多历史里的场景，对吗？

陈振盼：是的，这类问题更多地出现在插画中。关于那遥远的过去，我们所拥有的唯一证据是地质证据。研究岩石可以告诉我们过去的土壤和地形是什么样的，观察化石可以告诉我们过去的生命是什么样的。

关于大峡谷，地质学家生动地再现了过去的场景，这方面已经

插画选自《大峡谷》

积累了大量的文献。而我将他们的描写变得可视化了。我在书的最后也写明了，插图是我根据已有证据的解读，以便读者可以清晰地知道这一点。

爱阅公益：你一开始是怎么想到要写一本关于大峡谷的书的？

陈振盼：我原本想讲述大峡谷的起源故事，但开始做研究后，我发现大峡谷的年龄是未知的，这个故事便不可行了。当我更深入地了解大峡谷，我对它的地质历史着了迷。这也让我想到了现在这个点子——通过化石让人物回到过去。

爱阅公益：我之前了解到你高中的时候跟学校一起去过大峡谷。那时候大峡谷就给你留下了深刻的印象吗？

陈振盼：是给我留下了深刻的印象。在去之前，我对大峡谷并没有多少了解。我因大峡谷景色的壮美而感到震撼，我和大峡谷的关系也只停留在这个层面。但因为高中的经历，大峡谷留在了我的脑海中，我一直把它看作可以进行创作的主题。

爱阅公益：这本书的两个主人公是父亲和女儿。读者可以通过他们的旅程了解到关于大峡谷的有趣知识。你是怎么想到以父女的旅行来介绍大峡谷的相关科学知识的？

陈振盼：创作的时候我女儿年纪还小，我经常带她到森林里徒步。当我想到可以写一本关于父亲和女儿的书时，我马上意识到这是一个好主意，因为我清楚地了解主人公的情感。

爱阅公益：创作这本书的整个过程是怎么样的？

陈振盼：我从研究开始，然后再写作，画草图。对这本书有了一个最终明确的概念之后，为了能更好地感受和了解大峡谷，我去那里进行了四天的采风。我希望我的画能捕捉到大峡谷的本质，我希望自己能在实地真正感受和了解大峡谷。我们在峡谷里徒步、露营，途中我尽可能地对周围景物进行了写生。

爱阅公益：去采风你是自费还是出版社提供经费支持？

陈振盼：出版社会支付预付款，创作时我用这些钱生活，以及支付采风的费用。

爱阅公益：在去大峡谷前，你是怎么做研究的？

陈振盼：我通过读书获取大部分知识。同时我还在网上阅读一些科学类的研究，比如地质学家发表的报告。

在大峡谷工作的地质学家和一位美国国家地理学会的生物学家为我提供了帮助。另外，一位对美国西南部地理颇有研究的考古学家帮我审校了书稿最后一部分。

爱阅公益：在创作这本书之前，你对古生物学或者地质学有一些基本的了解吗？

陈振盼：我在地质学方面的知识非常有限。我对生态学和生物学了解得更多一些，因为我写过与生态系统相关的书。总体来说，有特别多东西要学。

爱阅公益：准备好去大峡谷前，你花了多长时间做研究？

陈振盼：这本书的创作不是一直连续的。我一开始想的点子并不可行，我不得不重新思考。所以在这本书的创作过程中，我还画了另外一本书。在画那本书的时候，我把《大峡谷》暂时搁置，但一直在阅读相关的资料。

总的来说，研究的时间大概是一年。这一年里，有三四个月是全职在做研究，每天、每时、每刻都在阅读。我总共读了十五到二十本书。

爱阅公益：当你实际去到大峡谷后，你需要特别注意些什么，以保证收集到所有需要的素材？

陈振盼：我总是会担心自己漏了什么。去的时候，我要准备文字初稿和一组故事板。有了故事板，采风的时候我便可以专注于为不同场景寻找画面。

在去大峡谷之前，我已经知道这本书将围绕着徒步的旅程展开。我也已经确定了哪条路线的风景是最好的。

爱阅公益：你之前说在路途上你会写生。拍照记录和写生的效果很不一样吗？

陈振盼：拍照几乎不需要时间准备。瞄准，按下快门即可。你不需要为了捕捉信息而投入精力。当你坐下来画画，这是一个在精神上观察、思考和记录的过程。在绘画的过程中，我们建立起对一个地方强烈的记忆和理解。

对我来说，比起只是拍下照片，画下来的东西和我更有情感上的连接。画画的时候我好似在跟那个地方对话。我想这和"气"的概念相似。根据我的理解，在中国传统艺术中，艺术家努力收集绘画对象（比如山和竹子）的"气"，并将其"导入"画中。我曾读过一个和画家有关的故事，人们说他的艺术达到了"自然的完美"，因为他变成了一根竹子。我对这个故事的理解是，他对竹子的本质有了深刻的理解，从而能画出既像竹子又有竹子"气"的画。

我去大峡谷画画的时候也有类似的感觉。我不想只是复制我所看到的，我希望表达出在那里的真实感觉，以及那个地方与众不同的特点。我希望我的画里有大峡谷的精神。

插画选自《大峡谷》

爱阅公益： 你之前还说过你想要捕捉大峡谷的本质。

陈振盼： 是的，这就是我想说的。我希望读者看到一幅图画，便能感受到我在大峡谷时的感受，而不仅仅是大峡谷的外貌。

爱阅公益： 对你来说，大峡谷最独特的地方是什么？

陈振盼： 我觉得是它与悠久的时间的联结。当你走进峡谷，每往前走一步，都是往一万年前行进；每走一步，岩石便古老了几千年。经过半个小时的行走，周围的岩石比出发之处的古老了数百万年。

在大峡谷徒步，我们每天都要行走很长时间，从峡谷的边缘走到谷底，再一路走回来。回到高处再次眺望峡谷，所到之处只是广阔天地中最渺小的一部分。亲身体验峡谷的辽阔改变了我的视角。

爱阅公益：从大峡谷回来后，你是如何继续创作的？遇到了什么困难吗？

陈振盼：每一步都困难重重。这本书的创作就像完成一个不知道能不能成功的复杂拼图。因为这本书特别宏大，而其中又有很多细节，平衡好每个部分是特别大的挑战。

就像管弦乐队，如果你有一个好的指挥，每个人也都在适当的时间演奏，那定是一首美妙的乐曲。否则，哪怕拥有最厉害的演奏家，可演奏的时间对不上，制造出来的也只能是噪声。这本书也是如此，书里的细节实在太多了：侧栏、动物的图片、故事的主线、女孩和她的父亲、地质学和生态学的化石图示和切模……我必须保证它们交相呼应，合奏出读者喜欢的作品。

爱阅公益：在书的侧栏里你画了各种各样的动物。你是如何画这些动物的？

陈振盼：大部分的动物是根据参考图片画的。去大峡谷的时候，我没能幸运地看到这么多动物。哪怕见到了的，也没有足够的时间把它们画下来。我用参考图片学习动物的样子，然后再画自己的版本。我很少直接照抄照片。

爱阅公益：大峡谷的旅途结束后，你又花了多少时间才完成这部作品？

陈振盼：大概一年半的时间全部投入在这本书里。除了有时候我会花上一周的时间去学校做讲座。

爱阅公益：你的努力也得到了很大的回报。《大峡谷》连获大奖，包括凯迪克银奖和塞伯特银奖等。得到这两个奖项感到意外吗？

陈振盼：很意外，这不是你可以预测或者期待的事情。

凯迪克奖和罗伯特·F.塞伯特信息图书奖章都由美国图书馆协会颁发。我记得有一天晚上，我接到了他们的电话，得知获得塞伯特银奖的消息。第二天早晨，负责通知凯迪克奖的工作人员也打电话给我。电话那头的女士说："我们是美国图书馆协会，我们希望告诉你，你获得了银奖。"当时我的脑子里只有"什么银奖"，我可没有想到还有第二个银奖，所以我心里暗暗地想"我知道，你们已经告诉我了"。

然后只听见有人叫道："凯迪克奖！""我想我最好坐下。"我说道。

你从来没法儿预期这样的事情。有很多书都值得获得凯迪克银奖和塞伯特银奖。我非常幸运，那一年他们选择了我的书。

爱阅公益：我记得凯迪克奖并不经常选择科普类书籍。

陈振盼：我也曾听过凯迪克奖很少考虑科普读物。获奖后，我和评审委员会成员聊过，他们跟我说，书里必须要有故事。很多科普作品有很好的知识性内容，插图也很好看，但没有故事。我记得凯迪克奖的评选标准里有和故事有关的内容。

描绘一座岛的前世今生

地球上还没有哪里能和加拉帕戈斯群岛媲美。

爱阅公益：让我们再聊聊《一座岛的 600 万年：加拉帕戈斯群岛的前世今生》（以下简称《一座岛的 600 万年》）吧。这本书入选了 2018 年度"爱阅童书 100"书目。你创作这本书的灵感来自哪里？

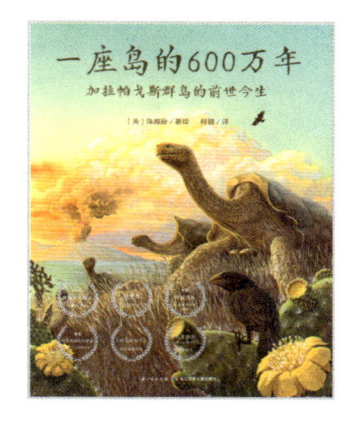

陈振盼：我想着可以写一本关于火山岛的传记。岛屿从海里生长出来，故事展现岛屿上随着时间推移发生的事情。我还想写一本关于物竞天择和进化论的书。有一天我读到一篇关于达尔文的故事，从中了解到加拉帕戈斯群岛是火山群岛。《一座岛的 600 万年》是这些点子汇集到一起的结果。

爱阅公益：你为什么会对写火山岛的传记感兴趣？

陈振盼：我画过一本关于印度尼西亚喀拉喀托火山的书。喀拉喀托火山于 1883 年爆发，引起强烈的海啸和地震，毁去原有岛屿的三分之二，1928 年火口湖中冒出一座新山峰。科学家用照片记录下了那些来到新岛屿的动植物。

注：全文中《一座岛的 600 万年：加拉帕戈斯群岛的前世今生》（[美]陈振盼著绘，何错译）的图片来源于长江出版传媒、长江少年儿童出版社。

现在这个岛屿已是森林葱郁,有种类丰富的植物和鸟兽。在那本关于喀拉喀托火山的书里,有一小部分是关于新岛屿的。那时我便想,关于新岛屿的故事能成为一本好书。

爱阅公益:创作《一座岛的 600 万年》和创作《大峡谷》的过程差不多吗?

陈振盼:是的,过程差不多。《大峡谷》的研究过程很大程度吸收了《一座岛的 600 万年》的工作经验。

创作《一座岛的 600 万年》教会了我如何阅读专业性论文,尤其是科学专业的论文,以及如何理解一些方法论。我当时还和一些研究者紧密合作。我想是《一座岛的 600 万年》让完成《大峡谷》成为可能。

爱阅公益:你寻求科学家的帮助时,他们都愿意帮你吗?你需要付费吗?

陈振盼:有的时候需要付费,有的时候不需要。并不是所有人都愿意帮我。很多人都没回复我的邮件。不过,一旦找到愿意跟我合作的人,他们都非常乐于传授他们的所学。很多科学家都很高兴有机会能与学术圈外的人分享自己热爱之事。他们之中的很多人都是在儿时迷上科学的。

爱阅公益:他们是怎么帮助你的?

陈振盼:他们给了我很多重要的信息和建议。例如与我一起工作的地质学家给了我一些地图,上面展示了过去数百万年来这些岛屿的预测位置。书中对那个岛和其他岛屿的描绘都是根据地质学家的

II. 幼年
500万年前……

在沿海的海湾地带,红树郁郁葱葱连接成林。

红树的根茎在浅水中构成复杂的迷宫,成为海龟、年幼的鲨鱼和鳐鱼的乐园。

陆鬣蜥被海浪冲来的树枝带到了海岛,穿过岸边的红树林带,它们在岛屿的坡地上找到了适合的栖息地。

100万年过去了,岛屿逐渐隆升、成长。火山喷发不再那么频繁,因此更适合动植物繁衍生息。海岛周围的浅海生活着大量鱼群,海鸟可以毫不费力地在近海捕食。

插画选自《一座岛的600万年:加拉帕戈斯群岛的前世今生》

地图完成的。他们还制定了一个计算加拉帕戈斯其中一个岛屿"寿命"的公式。《一座岛的600万年》里那个大约有六百万年历史的岛的故事,就是根据他们的计算构想的。

爱阅公益:你去加拉帕戈斯群岛的体验怎么样?

陈振盼:我在加拉帕戈斯群岛待了九天。那里其实有很多限制,我并不能随意选择去哪儿。我必须要报名参团,由向导带我们到不同的岛屿参观。我去了能确保看到不同年龄的岛屿的团,尤其是最年轻和最古老的岛屿,因为我在书中要展现一座岛的六百万年。没人真的见过一座岛六百万年间的变化,但我们能看到目前处在不同年龄段的岛。比如我们能看到三百五十万年的岛,也能看到七十万年的岛,以及许许多多年龄在两者之间的岛。

我的旅程体验非常棒,地球上还没有哪里能和加拉帕戈斯群岛媲美。在加拉帕戈斯群岛上,游客可以和动物亲密接触,动物完全不会被身旁的游客打扰,它们基本上只会无视人类。这真是太有意思了。离开加拉帕戈斯群岛时,我对生命之间的联结和动植物作为个体的目的性有了全新的认识。我不再只是以无所谓的态度看待草木鸟兽,而是看见了许许多多的个体,它们的行为是有目的的,是互相影响的。作为生态系统中的一部分,它们影响生态系统,也被生态系统影响着。

插画选自《一座岛的600万年:加拉帕戈斯群岛的前世今生》

爱阅公益:这本书里你怎么没有设计一个儿童角色?

陈振盼：这本书的主人公就是岛屿本身。一开始我并不确定这个想法是否可行，也就是读者能否对一座岛屿产生情感上的共鸣，但最后我觉得我成功了。不少孩子告诉过我，当岛屿沉入海中时，他们特别难过。这让我知道他们和这个角色产生了联结。

创作多元的作品

在作品中呈现不同种族、文化、性别是我的义务。

爱阅公益：《穿越寒武纪珊瑚礁》的主人公是白人，《穿越侏罗纪原始森林》和《大峡谷》的主人公是亚裔，而《万有引力》的主人公是黑人。这是有意识的选择吗？

陈振盼：我书里的人物大部分以真人为原型，不过我并不会画得和真人一模一样。在《穿越侏罗纪原始森林》中，我把角色画得有点儿像小时候的我。《万有引力》里小男孩的原型是我父亲最好的朋友，他特别喜欢天文学和太空探索。《大峡谷》里父亲的原型是我菲律宾裔的朋友，所以里面的女儿也是菲律宾裔的。

我选择在书中展现不同种族的孩子，是因为我希望我的书对所有读者开放。我不想任何孩子因在书里看不到自己，而觉得被排除在外。所有的种族都应该在书中有所体现，在作品中呈现不同种族、文化、性别是我的义务。

爱阅公益：在你的社交网站脸书（Facebook）上，我看到你

注：全文中《穿越侏罗纪原始森林》([美]陈振盼著绘，李振基译）的图片来源于长江出版传媒、长江少年儿童出版社。

陈振盼——好的科普书籍要有好故事

插画选自《穿越侏罗纪原始森林》

分享了"We Need Diverse Books"这个机构，这个名称直译是"我们需要多元书籍"。能多跟我们说说这个议题吗？

陈振盼：美国是一个多元的社会，童书里也应该反映这种多元。长久以来，美国出版的书籍基本都是以欧洲裔为主角的。这对其他非欧洲裔的孩子来说不公平，因为他们在书里看不到自己。这种现象表达的信息很明确：非白人的故事和非男性的故事并不重要。这是对现实的严重扭曲，给被排斥的儿童带来了可怕的后果。此外，多数族裔的读者（欧洲裔的读者）也应该阅读真实反映他们所生活的国家和世界多元性的书籍。

爱阅公益：你小时候会觉得无法和书里的人物产生共鸣吗？

陈振盼：会，也不会。我是混血儿，妈妈是英裔美国人，她的祖先数百年前来到美国。我的父亲是华裔。我从没觉得无法融入，但也不是一直都觉得完全融入了。

作为跨种族夫妻，我的父母有意识地寻找不同种类的书给我看，这些书里有来自不同背景和文化的人物。我也有机会阅读华裔作者的书，其中我特别喜欢杨志成。

我的导师特瑞纳·沙特·海曼（作者注：特瑞纳·沙特·海曼，1939—2004，美国著名插画家，曾多次获得凯迪克奖）也是如此。特瑞纳通过为格林童话画插画而成名，那些自然是非常欧洲的故事。后来，不同族裔的人物也逐渐地出现在她的书中，她非常有意识地创作多元化的人物。

爱阅公益：美国的出版现在更多元了吗？

陈振盼：我表达的只是我个人的看法，我不是这方面的专家，所以如果有人说我错了，我不会去争辩。出版行业的从业人员大部分都是欧洲裔的美国人。在过去，出版的书籍都是关于白人的，关于少数族裔的作品很少。就算是那些出版了的少数族裔书籍，大部分也都是白人来书写不属于自己的文化。大概是特瑞纳正在创作的那段时间，这个问题在慢慢地改变。

在我成长的年代，很多反映其他文化的民间故事、童话，以及关于少数族裔的历史故事的书籍得以出版。那时候的确有更多元化的故事了，但它们不是现代的，它们和儿童的实际生活没有关系。虽然这是在朝着正确的方向迈进，但仍然不够。这就好像在说："你的祖先很重要，我们为此骄傲。但是像你这样的孩子还不足以出现在书中。"

儿时的我能读到不少中国的民间故事和童话，但几乎所有关于同龄孩子的书里，主人公都是白人孩子。我对童年的印象变得扭曲，比如让我想象一个孩子，直到今天，我的脑海中浮现的第一个画面仍是一个白人孩子，尽管大约百分之四十的美国人都不是白人。

"我们需要多元书籍"正是在纠正这些不公。这个机构主张更多元化的图书，鼓励创作讲述少数族裔人物的故事，以及让不同背景的人来创作这些书。

找到那个核心思想

整本书的成败就取决于核心思想，
但没有人可以告诉我答案，也没有规则的指引。

爱阅公益：你一般怎么找到创作的主题？

陈振盼：我无时无刻不在阅读科学方面的书，读各种不同的主题。有时候编辑会给我一些建议。有时候我阅读的内容会引起我的注意。我把自己当作一块海绵，吸收很多信息，看有哪些能留存下来。

爱阅公益：你创作非虚构类图画书的文字部分时，会注意些什么？

陈振盼：我特别注意简洁和清晰。我不断地问自己："我能用更少的文字吗？我能表达得更清楚吗？"我还会使用类比来帮助儿童理解抽象信息。除此之外，我非常关注准确性。

爱阅公益：能举些例子吗？

陈振盼：关于类比，我觉得《大峡谷》里有一个很好的例子。我把地质学比作"通往过去的窗户"。对我来说，这个类比抓住了地质学最重要的东西。地质学不是关于岩石的，而是岩石和化石如何让我们看到不再存在的东西。

关于简洁的最好例子可能是《万有引力》这本书。在这本书中，我试图用七句话和许多图片来描述引力的基本知识。

爱阅公益：在非虚构类图画书的插画创作上，你又会注意什么？

陈振盼：我作品里的插画需要承担多种功能。它们当然要传递科学知识，但同时也要传递故事和情感。比如一幅动物插画，它除了要描绘出动物的模样，也要融入故事发展的顺序，帮助讲述故事。除此之外，可能还要传递喜悦或者恐惧的情绪。所有这些功能都很重要，我努力让画面成功实现这三种功能。

注：全文中《万有引力》（[美]陈振盼著绘，高勤芳译）的图片来源于长江出版传媒、长江少年儿童出版社。

爱阅公益：创作的时候你心里有清晰的读者年龄吗？

陈振盼：一般我是先有想法，然后再思考适合哪个年龄段。在创作的时候，我一直把读者的年龄放在心中。

爱阅公益：你觉得《大峡谷》适合哪个年龄段的孩子？

陈振盼：这本书适合不同年龄的孩子，大致来说，我觉得八岁到十二岁比较合适。不过我知道有年龄更小的和更大的孩子也喜欢。

爱阅公益：你觉得创作非虚构类图书最大的挑战是什么？

陈振盼：最大的挑战是找到故事的核心思想，也就是英语中的"vital idea"，这个词是作家坎迪斯·弗莱明非常看重的。我也很喜欢这个词，因为它就像一个论点，整个作品都需要根据论点来构建。核心思想有时候是一个主题，有时候是一条叙事线。不过核心思想又不仅仅是一个论点，它带给故事生命。

我可以了解科学知识，努力学习就好。我也可以画插画，同样是努力就好。这些事情都有挑战，但和找到核心思想的难度完全不同。因为整本书的成败就取决于核心思想，但没有人可以告诉我答案，也没有规则的指引。它既重要又不确定，所以寻找核心思想非常有挑战性。

爱阅公益：对你来说，虚构类和非虚构类作品之间有很多共同之处吗？

陈振盼：我喜欢的非虚构类图书都有故事在其中。故事是推动作品的动力。如果我的作品并不完全专注于一个故事，我仍旧试图将故事融入书中，或者加入贯穿始终的叙事线。我认为这很重要。

我有一本新书即将出版，叫作《你在宇宙中的位置》(*Your Place in the Universe*)①。我知道对天文学感兴趣的孩子们会喜欢这本书。但同时，我也希望这本书的故事线能成为读者不断翻页的推动力，让那些原本对天文学没那么感兴趣的孩子也能找到走入书中的通道。

---

① 2022 年 7 月由新星出版社出版，中文书名为《我和宇宙》。——编者注

成为童书创作者

如果我一开始就知道创作非虚构类作品有多难，我可能会吓得不敢尝试。

爱阅公益： 你常提到特瑞纳·沙特·海曼对你的影响，能跟我们分享一下你们之间的故事吗？

陈振盼： 我在特瑞纳的家乡长大，她曾经作为访问艺术家来我的小学做讲座。她为我们朗读她的新书，分享正在创作的作品，还为我们画画，讲述其中的故事。我记得她跟我们分享过她在喀麦隆的故事，她的作品《占卜者》(*The Fortune-Tellers*)就是基于这段经历创作的。

在我们这些孩子眼中，特瑞纳就是我们的大明星。她是属于我们这个小镇的著名作家和艺术家。每次她来的时候，我们就特别兴奋。

这对我来说意味着两件事。一是艺术家是一个很好的、令人渴望的身份，二是她向我展示了成为艺术家的可能。并不是每个孩子都知道当艺术家是一种选择。

高中的时候，我请特瑞纳为我的艺术学习提供帮助，她同意了。之后的很多年里，她成为我的良师益友，她让我得以了解插画师的生活。她一直相信我，给予我信心，对艺术家来说，信心是最重要的礼物。

爱阅公益：如果你没有遇到特瑞纳，你还会成为插画家吗？

陈振盼：我还是会成为某种类型的艺术家，但我不确定我是否会成为童书插画家。

爱阅公益：你在美国雪城大学学习插画时，就已经知道自己想为孩子画画了吗？

陈振盼：那时候还没有。因为特瑞纳，我知道这是一种可能，但我尝试了其他的选择。有段时间我觉得我想成为肖像画家。我还学过中国传统绘画和书法。

曾有一段时间，我很抗拒当儿童插画家，但我实在太喜欢图画书了。我喜欢这种艺术形式，我喜欢通过一系列图像构建故事，而不仅仅是单张图画。我喜欢故事在纸张上展开的体验。

爱阅公益：大学毕业后，你为什么去纽约的童书书店工作呢？

陈振盼：这可以说是一个意外。一位插画家跟我说过这家书店，有一天在去办其他事的路上，我刚好路过那里，就进去看看他们是不是在招人。然后我得到了一份工作。

爱阅公益：你在书店里工作了多久？你具体做些什么？

陈振盼：我先是做销售，后来负责他们的网站和艺术品售卖。我在那儿工作了两年半到三年的时间。

爱阅公益：在书店工作期间，你也一直在画画吗？

陈振盼：是的，一直有一些和杂志合作的工作，还和出版社合作了一些书籍。

爱阅公益：我看你出版的第一本书是《中国新年》，这中间的过程能跟我们分享一下吗？

陈振盼：这本书的创作机会来自我给出版社寄的明信片，明信片上有我的艺术作品。那段时间我几乎给每个出版社都寄了明信片，每年几次。一两年后，有个出版社联系了我，希望我可以为《中国新年》画插画。

爱阅公益：寄明信片给出版社，收到回复的概率有多大？

陈振盼：很低，这也是为什么我寄了很多。我每一次寄出大约五百张明信片，三年的时间里，我大概寄了六到八次。因为明信片，我得到了两三份工作，不过这些工作又带来了更多的工作。

爱阅公益：在书店工作三年后，你成为全职作家和插画家了吗？

陈振盼：没有，离开书店后，我开始做网站设计和开发，为自己工作。这类工作很适合我，因为我可以自由地选择创作图画书或者做网站。创作的时候我可以拒绝网站的工作，如果我没有创作书的工作，便可以多做一些网站的工作。这是很好的挣钱方式。

爱阅公益：你是大学毕业后学的网站开发吗？

陈振盼：我是在学校里学的。我在学校上过每周一次的网页设计课程，还学过图像处理和平面设计。在书店工作的时候，我的部分工作也是和网站相关的，这给了我实际经验。

我离开书店后，一个做网站开发的朋友让我帮他做开发设计。跟他一起工作一段时间后，我就自己干了。

爱阅公益：那你是从什么时候开始完全专注于图画书创作的？

陈振盼：大约是在创作《大峡谷》的时候，其他的工作就慢慢不做了。不过，我现在还有一个和网站相关的工作。

爱阅公益：《大峡谷》的成功给你的职业和生活带来了哪些改变呢？

陈振盼：有改变。得奖增加了书的销量，更多的经济保障让我得以放松一些。作为一个自由职业者，我的收入一直不稳定。之前虽然也在慢慢变得稳定，但得奖让我觉得不用那么担忧了。

作品创作方面倒是没什么改变。我仍跟同样的编辑合作，并力求每本书都做到卓越。

爱阅公益：《穿越侏罗纪原始森林》是第一本你自己创作文字和图画的书。在那之前，文字部分是别的作者写的。你是怎么开始自己写并自己画的呢？

陈振盼：有一天，我在纽约坐地铁时读到了一篇关于红杉的文章，它一下子抓住了我，给了我丰富的想象，还让我想到了创作《穿越侏罗纪原始森林》的点子。

自己写并自己画非常有挑战性，不过我的天真算是帮了忙。如果我一开始就知道创作非虚构类作品有多难，我可能会吓得不敢尝试。

爱阅公益：在你的网站上，你说"作为一名创作者，去学校里做讲座是工作里最有成就感的一部分"。特瑞纳在你的小学做讲座，让你知道了成为艺术家的可能。现在你也通过自己的分享，带给更多孩子启发。校园讲座的哪些方面让你觉得有成就感？

陈振盼：我特别喜欢和学生交流，了解他们对什么感兴趣。我喜欢回答他们的问题，以及让他们对阅读、科学和艺术产生兴趣。

爱阅公益：你每年都会去学校吗？

陈振盼：是的，每年我大概会去二十所学校。

爱阅公益：在学校里你一般做什么？

陈振盼：我一般会做一个四十五分钟的讲座，然后和孩子们一起画画。在讲座里，我会讲述我如何成为艺术家，怎么做研究，怎么创作，探访了哪些有趣的地方。我会通过幻灯片展示那些我去过的地方和艺术创作的过程。我还会回答很多问题。

爱阅公益：你的一个工作日是怎样的？

陈振盼：这要看情况了。理想的工作日大概是这样的：早上8点左右到下午1点在工作室写作、研究或者画画，午餐时间休息一下，下午2点到5点再回到工作室工作。有时候，我会去学校做讲座或者旅行。

爱阅公益： 离开纽约后，你就搬家到佛蒙特州的伯灵顿了。你觉得伯灵顿是一个怎样的地方？

陈振盼： 佛蒙特州是一个满是森林、大山、湖泊、河流的"乡村州"。伯灵顿是佛蒙特州最大的城市，但整个城区的人口密度很低（我住在南伯灵顿）。伯灵顿在尚普兰湖边，那是一个非常大的湖。夏天的时候，我们会去海滩。这里离山也很近，我们冬天可以滑雪。

我最喜欢的是在森林里徒步。我们有幸看到过很多野生动物，如猫头鹰、鹿、水獭、秃鹰。从我家出发，步行便能走入自然之中。离我家一小时车程的地方就有很漂亮的大山可以徒步。这对我的心理健康很重要。不过我必须指出，虽然我们很容易走进自然，但佛蒙特州已经很少有"原始"的地方了。

当我们想到自然的时候，我们想到的是一个与我们不同的非人类世界。但我们应该记得，我们都是自然的一部分。城市、房子、汽车让我们觉得，我们与非人类世界是隔绝的，但我们并没有。所有这一切都是相连的。一堵墙把我与外面的世界隔开，但这并不代表我没有在影响自然，或者被自然影响。我们生活的城市里可能树不多，但是我们吃的食物、用的能源，人造环境中的材料都在影响着其他地方的树木和森林。我们都是系统的一部分，我们都是自然的一部分。我想这是未来我希望在书中讨论的问题。

采访时间：2020 年 8 月 10 日

帕姆·穆尼奥兹·瑞恩

用作品激发孩子不断翻页的兴趣

帕姆·穆尼奥兹·瑞恩

三十五岁那年，已经是四个孩子妈妈的帕姆·穆尼奥兹·瑞恩即将完成研究生的学习。在此之前，她当过双语教师，做过儿童早期教育项目的负责人，还希望未来有一天能在大学里教授儿童文学。可她唯独没有想过，自己有一天会成为儿童文学作家。

"你是否考虑过专职写作？"就在研究生毕业的前几周，项目主任课后特地把瑞恩留下，向她提出了这个问题。问题在瑞恩的心中生根、发芽，然后很快长成了参天大树，瑞恩觉得必须为之行动了。

不久后，瑞恩便开始了她的创作，可等来的却是一封又一封的拒绝信。一转眼好几年过去了，直到已过不惑之年，瑞恩的第一本图画书才正式出版。如今，六十八岁的瑞恩创作了十三本图画书和七本儿童小说。她并不算非常高产，一本小说的创作通常要花上三到五年。但在这二十多年的时间里，她用高品质的作品把多项荣誉收入囊中，其中包括纽伯瑞儿童文学奖银奖（以下简称纽伯瑞银奖）、《纽约时报》编辑选择奖、《科克斯书评》最佳中年级读物、国际安徒生奖提名等等。

获得纽伯瑞银奖的《回声》是我阅读的第一本瑞恩的作品。小说有二十六万字，书拿在手上沉甸甸的，很有分量。不过，可千万别被书的厚度吓着，我几乎是一口气读完的，故事里好似有一股无形的力量将我牢牢抓住。瑞恩在不少采访里提到过小说的可读性，她强调作品要让年轻读者有不断翻页的动力，她希望自己的作品能激发儿童对书籍强烈的兴趣。

《回声》以快节奏的方式写成，但故事的核心是严肃而沉重的，它关乎人类在历史上最黯淡的时期如何艰难前行。小说由三个故事组成，分别发生在不同的时间和不同的地点：1933年希特勒当权的德国特罗辛根，1935年经济大萧条时期的美国费城，1942年卷入"二战"之中的美国加利福尼亚州南部。一把有魔法的口琴连接起三个故事的主人公，"音乐变成了一种美丽而明亮的东西，它让人们可以在黑暗的森林中摸索前进"。用童话与现实结合的方式，瑞恩让笔下的至暗时刻仍有人性的光辉和希望。

阅读了瑞恩的多部小说，我感受最深的是她深切的人文关怀。她关心人在困境里的抗争，她书写个体（特别是女性个体）如何在困难中成长，她知道社会总有不公，但她说："在我写书的时候，我可以让生活变得稍微公平一点儿。"

瑞恩对社会正义的关心或许和自己的家族史有关。她有一半墨西哥血统，从祖母讲述的故事里，她知道了祖母如何因家庭变故来到完全陌生的国度，如何在农场里做最辛苦的工作，如何在随时可能被遣返的风险中寻找生存之路。瑞恩把祖母的故事写进《风中玫瑰》，她的小说《成为娜奥米》中也能看到墨西哥文化对她的影响。

不过，瑞恩的作品绝不止步于此。她关注的议题比自己笔下的故事还要丰富。她常从历史里汲取丰富的养料，她对鲜有人知的真实故事充满好奇。她甚至愿意为创作一本与马有关的小说，花十八个月从头学习，直到变成骑马的好手。

我想，在瑞恩作品的种种优点里，最珍贵之处是它们既有紧抓儿童注意力的趣味性和故事性，又不失对具有永恒价值的议题的讨论，以及精神高度的引领。

在这篇采访中，我选择了三部瑞恩的文学作品（《回声》《追梦的孩子》《为风上色的女孩》）进行重点讨论。它们是已引进中国的作品里，写作时间离现在最近的三部。由于近些年来，相较于图画书作家，瑞恩作为儿童小说作家的认知度更高，所以这次的对话主题主要集中在小说创作上。

《回声》，艰难年代里的魔法

哪怕是至暗的时期，也有纯真和美好。

爱阅公益：《回声》获得了很多大奖，其中包括纽伯瑞银奖。这本书也入选了2019年度"爱阅童书100"书目。能跟我们聊一聊这本书的灵感来源吗？

瑞恩：我当时正在做与一桩歧视案件有关的调查研究，案件发生在1931年的加利福尼亚州，是一起成功废除种族隔离的法庭案件。那时候，我想这会是我下一本书的主题。

当我在莱蒙格罗夫的历史协会浏览文献资料时，我注意到了一张20世纪30年代初的照片。照片里，学生们坐在学校的台阶上，每人都拿着一把口琴。当我问起这张奇怪的照片时，曾经就读于那所学校的讲解员说："那是我们小学的口琴乐队。在20世纪20和30年代，有一股组建口琴乐队的风潮，几乎每个学校都有一个这样的乐队。"

有一股组建口琴乐队的风潮？这一下子激起了我的好奇心。回

注：全文中《回声》（[美]帕姆·穆尼奥兹·瑞恩著，孙张静译）的图片来源于南方出版社。

到家后我便开始研究。我发现那时候不仅有组建口琴乐队的风潮，还有一个由艾伯特·霍克西领导的"费城巫师口琴乐队"。乐队由大约六十个男孩组成，在当时名气很大。他们在为查尔斯·林德伯格举行的欢迎游行中演奏，还为三位总统表演过。这个乐队主要用一种口琴：霍纳口琴公司生产的"海军乐队"（作者注："海军乐队"，Marine Band，为十孔布鲁斯口琴的一个经典系列）。这种口琴，也是文献资料的照片里，那些坐在台阶上的乡村孩子们使用的。

我对乡村学校的孩子和霍克西的乐队愈加感到好奇。两个虚构的人物和关于他们的故事在我脑中成形。一个叫迈克的孤儿住在费城，他希望加入霍克西的乐队。值得一提的是，历史上这个乐队的成员也刚好都是孤儿。另外一个女孩叫艾薇·玛丽亚，她参加了一个乡村学校的口琴乐队。

我继续思考。或许在命运的某种安排下，不同的人物，在不同的年代里，吹奏了同一把口琴。如果真的是这样，有没有可能在他们之前，这个口琴归另外一个人所有？

我去德国的特罗辛根参观霍纳口琴公司时找到了答案，据称，那里的口琴工厂和口琴博物馆是世界上最大、最古老的。在那里我了解到，"二战"之前有很多年轻的学徒在口琴工厂里工作。就这样，故事的另外一个人物弗里德里希也出现了。

爱阅公益：这真有意思。你去德国的特罗辛根参观口琴工厂，就是为了这本书的创作吗？

瑞恩：是的，就是为了这本书而去的。我联系了霍纳口琴公司的纽约分部，他们告诉我德国的分部有一个博物馆，博物馆里有各种各样型号的口琴以及关于口琴和口琴乐队的历史资料。公司的老板非常重视保留公司的历史。所以我联系了德国分部,去了他们的工厂和博物馆。

博物馆里展示了历史上各种不同的口琴。早至19世纪,世界上只要有大事发生,霍纳先生就会制造一款纪念口琴,这些口琴都陈列在玻璃展柜里。

博物馆里还有一个巨大的工厂模型,刚好是我作品里描写的那个年代的,所以也对我的写作很有帮助。

去霍纳口琴公司的时候,我已经在这本书上花了很长时间,但是仍然找不到结束故事的方法,也没有想好如何加入魔法的部分。在这个工厂里,我发现了很多嵌有子弹的口琴。原来在第二次世界大战期间,有些士兵会把口琴放在胸口的口袋里,口琴挡住了射向他们的子弹,救了他们的命。

很多年后,士兵本人,或者他的家人把口琴还给了霍纳口琴公司,并写信表示感谢。在那些美好的信件里,人们诉说着口琴是如何保护了他们家人的性命。

也是这个时候,我找到了故事里的魔法。

爱阅公益:特别有意思的是,你的这本书在历史小说里加入了童话。你是怎么想到这个点子的?

瑞恩:因为我的人物要度过历史上最具挑战性的时期——经济大萧条时期和第二次世界大战时期,我开始思考,音乐如何帮助我的角色们在恐惧和黑暗中继续前行。

然后,我开始想象口琴背后的故事,以及它可能承载的魔法。

伴随着这种思考，弗里德里希、迈克和艾薇的故事在童话的框架下展开，并和女巫的诅咒、接生婆的预言交织在一起。最后，我原本的写作计划，变成了更加宏大叙事的一小部分。

爱阅公益：你花了多长时间创作这本书？

瑞恩：我花了大概六年的时间。2009年开始写作，2015年出版。为了这本书的创作，我买了一个7英尺（约2.1米）长、4英尺（约1.2米）高的白板来记录书里的内容。我把每个故事里每个月会发生的事情都写了下来，在此之上，我还写了贯穿这三个故事的所有主题。

创作这本书是一个非常漫长且具有挑战性的过程。

爱阅公益：在这六年里，你是只专注《回声》的创作，还是也会做其他事情？

瑞恩：我的主要精力都投入到《回声》的创作里了。有时候我在写小说的过程中，也会创作一本图画书。但是一般情况下，我写小说时，就专注于小说。

爱阅公益：关于创作的过程，你是先做研究准备，再通过研究的资料发现故事，还是先想故事，然后根据故事所需寻找资料？

瑞恩：我脑子里一般会先有一个开头的场景。我是一个"重复型作家"，也就是说，我会不断地重写。早上起来，我坐在书桌前开始写那个场景。写了一些后，我会回到开头，再重写一次。第二天早上，我又会从头开始，重新写，修改一些内容。

除了开头的场景，我还知道我想要什么样的结尾。比如在《回声》里，我知道我要写三个故事，也知道最后会有一场音乐会和情感上的收尾。但我不知道要如何到达那里。所以对我来说，写作的过程并不是一马平川的，更像是在混乱中不断演变。

爱阅公益：音乐是这本小说里非常重要的部分。三个发生在不同地方的故事因一把口琴连接在一起。你自己会吹口琴或者演奏其他乐器吗？

瑞恩：我根据故事里的谱子学习了一点儿口琴。虽然小时候我曾一度想成为音乐家，但其实我并没有太多音乐天赋。我学过钢琴和小提琴，我的钢琴水平只能用"平庸"来形容，而我的小提琴课程在四年级的时候就结束了，那时我试图用木材胶水修理小提琴。

所以说我从来没有真正踏上追寻音乐的道路，除了以一名忠实听众的方式。我想这就是音乐的美妙之处了，你不需要成为音乐家也可以热爱音乐。同理，你不用成为作家也可以热爱阅读。在《回声》里，音乐变成了一种美丽而明亮的东西，它让人们可以在黑暗的森林中摸索前进。对于那些生活在如此艰难时期的人物，我希望音乐成为他们生活中的情感支撑。

爱阅公益：这本书是历史小说。你的其他小说，如《自由驰骋》《风中玫瑰》也都是历史小说。你是对历史小说有特别的兴趣吗？

瑞恩：有时候是的，有时候不是。我的很多其他作品，如《为风上色的女孩》《成为娜奥米》都不是历史小说。不过，我想我对鲜有人知的历史故事充满好奇。比如我的图画书《阿梅莉亚和埃莉诺去

飞行》(*Amelia and Eleanor Go for a Ride*)就是一个激起我好奇心的真实故事。《回声》也是如此，历史上那些我之前从没听过的口琴乐队实在太有意思了，它们吸引着我继续去研究。

爱阅公益：在你的研究中，你如何保证描绘的历史背景是准确的？

瑞恩：在写历史小说时，故事被设定在一个特定的时间和地点。我努力尽可能地接近真实的历史，准确地呈现当时的政治局势、世界大事、穿着打扮等等。在人物语言上我可能有一些发挥的空间，但是仍然非常小心，我必须让读者感受到时代的气息。

我每次出版历史小说的时候，出版社都会找来相关学者阅读我的书。比如我们找了专门研究第二次世界大战的历史学家来阅读《回声》，找了智利本地人来确认我在《追梦的孩子》里描绘的智利是否真实。

爱阅公益：你一般是怎么找到需要的资料的？

瑞恩：我经常联络历史协会，阅读他们的文献资料。在现在这个网络时代，很容易找到各地的历史协会，并寻求不同人的帮助。他们一般都特别乐于帮助我。

在为我的图画书《玛丽安歌唱时》(*When Marian Sang*)做研究时，我去了纽约大都会歌剧院，那里有一个档案馆。当我打电话给他们的时候，他们都特别热心。对于档案管理员和图书馆员来说，

注：全文中《成为娜奥米》([美]帕姆·穆尼奥兹·瑞恩著，梁雪译)的图片来源于云南出版集团、晨光出版社。

有人对他们的馆藏感兴趣，是一件特别令人高兴的事情。

爱阅公益：你希望《回声》给孩子们带来什么？

瑞恩：《回声》讲述的是音乐如何在灰暗的年代里照亮人们的生活。我想我大部分的书都是关于人物如何快速成长和变化的旅程，这段旅程可能是情感上的，也可能是身体上的。比如在《风中玫瑰》中，哪怕是最黑暗的时刻，主人公心中也有某些东西给予她前进的信念。我希望读者享受故事本身，同时也希望书里的内容能让他们记住，哪怕是至暗的时期，也有纯真和美好，比如音乐。

《追梦的孩子》，书写诺贝尔文学奖获得者坎坷的童年

我希望读者可以注意到最简单的和不断重复的声音与诗歌之间的关系。

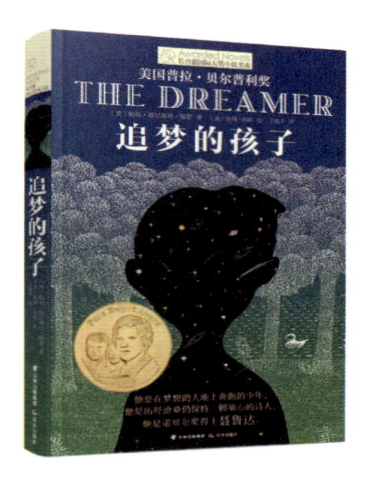

爱阅公益：《追梦的孩子》是关于聂鲁达童年的传记小说。在写这本书之前，你就喜欢读聂鲁达的诗吗？

瑞恩：我受到邀请去走访智利的学校。我知道智利是聂鲁达的家乡，所以想读一读智利作家的作品。在去智利之前，我还在一个会议上和一位插画家朋友进行了交谈。当我告诉他我要去智利时，他跟我讲了一个围栏上的洞的故事。故事是说，一个在围栏另一边的小孩儿，通过这个洞递给聂鲁达一个玩具羊。我觉得这是一个特别有魅力的故事，所以把它记在了脑海中。

到了智利后，我参观了聂鲁达三个故居中的两个。他那些孩子气的收藏令我着迷，它们来自自然，有海玻璃、小小的骨架等等。这些收藏看上去如此纯真。聂鲁达的很多诗歌都有孩童的感觉，比

注：全文中《追梦的孩子》（[美]帕姆·穆尼奥兹·瑞恩著，[美]彼得·西斯绘，于海子译）的图片来源于云南出版集团、晨光出版社。

如《元素的颂歌》。

在智利的时候，那里的人帮助我收集了很多之后研究所需的资料，我把它们都带回了美国。

爱阅公益：这本书的资料整理和研究花了多长时间？

瑞恩：大概是四到五年。我记不太清楚了。当你在写一本书的时候，你永远在研究，直到书付印的那一天。

爱阅公益：聂鲁达的哪些方面吸引了你，让你想写一本他的传记？

瑞恩：首先，他是世界上读者最多的诗人之一。他的童年充满构成戏剧化故事的所有元素，他有严重的口吃，他的父亲专横无情，他需要克服太多困难，才得以成为一名诗人。

关于那个通过围栏的洞递送礼物的故事，聂鲁达自己在很多年后，也用它来比喻所有艺术家的工作：我们把自己的作品通过一个洞传递出去，并不知道接受者会是谁。

爱阅公益：这本书是传记小说，创作这类题材的作品，你觉得需要注意些什么？

瑞恩：《追梦的孩子》并不是非虚构类作品。非虚构类作品的所有内容都需要有事实佐证。传记小说在这方面的空间更大一些，但我在《追梦的孩子》里还是尽量接近聂鲁达真实的人生。聂鲁达写过回忆录，他的哥哥也写过关于他们童年的书，所以我有很多资料可以参考。

有意思的是，一位在斯坦福大学研究聂鲁达的学者看完这本书后，给我发来消息说："你对他的父亲很仁慈。你和我都知道，他比书里表现得糟糕多了。"

爱阅公益：你是有意识地让聂鲁达的父亲显得没那么糟糕吗？

瑞恩：我觉得他父亲之所以会那样，也是因为他觉得自己在帮助孩子变得更坚韧，这样他们才能在世界上生存。描写人物的时候，我尽量避免塑造单一的坏或者单一的好。

爱阅公益：你在书中还加入了很多交响诗的特点，这特别好。

瑞恩：韵律在聂鲁达的生命中是很重要的存在，我希望可以用一些方式将这一点在书中表达出来。我试图创作一个原声带。我希望读者能够听到不休的雨、智利窜鸟的鸣叫、海浪的撞击和印刷机的单调之声。我希望读者可以注意到最简单的和不断重复的声音与诗歌之间的关系。

爱阅公益：书里有哪些你觉得年轻读者可以找到共鸣的东西？

瑞恩：我觉得在青少年聂鲁达的人生里，有很多读者能产生共鸣和感到熟悉的元素：他和父亲与哥哥之间紧张的关系，他和后妈与妹妹之间互相支持的关系，他为独立所做的抗争，他令人痛苦的羞涩，他对收集和整理纪念物的执着。还有他对自己某些尚未被发掘的伟大之处的猜测和希望，这也是他必须要与人分享的东西。

我在写这本书的时候，常想象着一个中年级的男孩或女孩。他/她是一个喜欢沉思的青少年，或许觉得自己时常被误解，或许觉得自己是一个隐秘的艺术家。我看见他们到哪里都带着这本书，在空白处做笔记。我曾经也是一个喜欢幻想和做白日梦的孩子，我很容易沉浸到自己游走的思绪里。

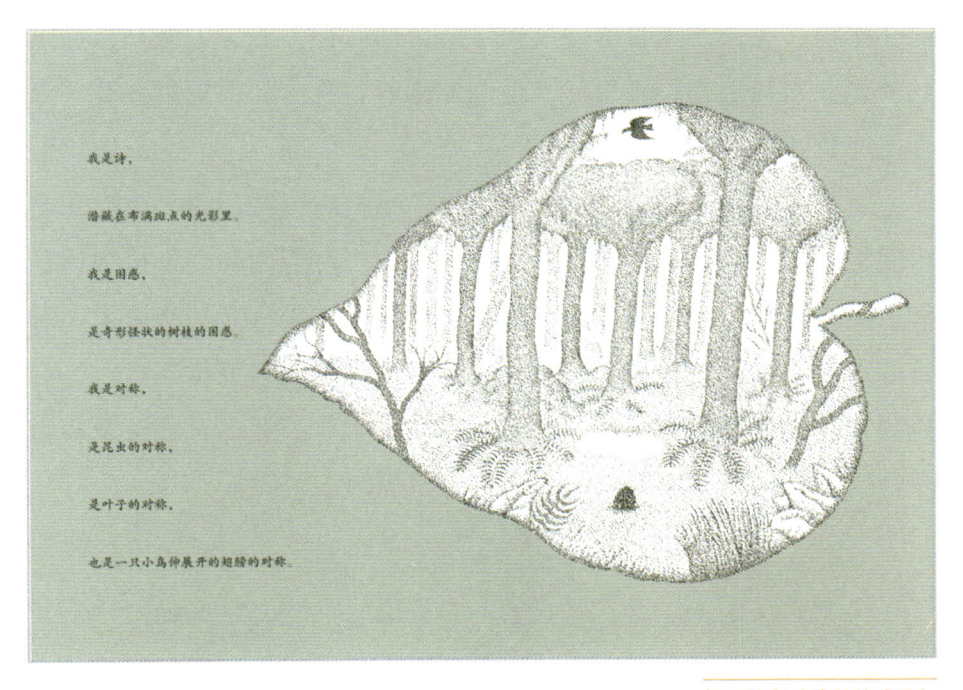

插画选自《追梦的孩子》

爱阅公益：这本书从各个方面来看都太美了，彼得·西斯的插画，绿色墨水的印刷，用不同字号排列的诗，等等。能跟我们聊一聊书的这些方面吗？

瑞恩：用绿色的墨水印刷是因为聂鲁达热爱自然，他的很多诗歌都反映了这种喜爱。还是孩子的时候，他就特别喜欢收集自然里的东西。他因自然而惊叹，并为之分神。长大一些后，用绿色的墨水写字变成了聂鲁达的一个癖好。他觉得绿色是希望的颜色。当你想一想自然——阿劳卡尼亚大区森林的绿色，比奥比奥河、太平洋变幻莫测的色彩——对他来说多么意义重大，这也就合情合理了。

关于插画家彼得·西斯，我一直以来都是他的粉丝和仰慕者。很多年前，我去芝加哥的一所大学演讲的时候，去看了他在博物馆的展览。当我走在长廊里欣赏他的原画时，我可从没想过，有一天他能为我的书画插画。

随着《追梦的孩子》创作的进展，我的编辑特蕾西·麦克和艺术总监戴维·塞勒开始讨论插画家的人选。特蕾西和戴维想到让我和彼得·西斯搭档，仅此一点，我就觉得已经是巨大的认可了。彼得和我见了面，讨论他是否对这个项目感兴趣。当彼得同意时，可以想象我是多么兴奋和感到荣幸。他的艺术作品那么有感染力和启发性，他的插画让故事有了另一个丰富的维度。

《为风上色的女孩》,为创作一本书,成为骑马高手

在我们国家的那片土地上,头顶的天空远比脚下的土地广阔。

爱阅公益:《为风上色的女孩》这本书与马有关,创作想法来自出版社。在此之前,你并不会骑马,出版社为什么会向你提这个建议呢?你一般会接受出版社的意见吗?

瑞恩:这是非常少见的。除了这本书,几乎所有的创作想法都是我自己提出的。但这一次是我的编辑跟我说:"我们刚才开了一个会,讨论说我们很希望出版一个和马有关的故事。这是你会感兴趣的吗?"

一听到她这么说,我马上觉得我好像又变回了十岁的自己。我在成长的过程中,曾有一段时间读了玛格丽特·亨利等作家写的所有与马有关的书。从五年级开始,我简直对它们着了迷。

我问我的编辑她是否有想好的情节,她说没有,我想写什么都可以。这么大的自由度一下子让我有点儿无所适从。我说,让我想

注:全文中《为风上色的女孩》([美]帕姆·穆尼奥兹·瑞恩著,李玉婷译)的图片来源于云南出版集团、晨光出版社。

一想，看我能不能找到一个好的方向。

然后我就去了一些本地的马场，找到了一个教练。我告诉她，要完成这本书的研究和写作我需要达到什么样的水平。我不得不承认，在此之前，我一节马术课也没上过，但是我希望能用正确和严格的方式学习，不要走捷径。她同意了。她确实要求很高，一丝不苟，正是我需要的那种老师。

与此同时，我也开始做有关野马的研究，这特别有意思。就这样，一次尝试接着一次尝试，我就写出了这本书。

爱阅公益：你开始学习骑马的时候多大年纪了？

瑞恩：我大概五十岁出头。我很努力地训练，在十八个月的时间里，每周都去两三天。

爱阅公益：很厉害呀！

瑞恩：对呀，最后我还算是一个不错的骑手了。

爱阅公益：我知道你为了采风，还参加了两次骑马旅行。这两次采风之前，故事的脉络已经很清晰了吗？

瑞恩：第一次骑马旅行只有一天。第二次去旅行之前，我已经有了一个比较清晰的故事概要。不过，我的这本书是完全基于第二次在怀俄明州西南部的旅行经历写的。

爱阅公益：在怀俄明州的骑马旅行有多长时间？

瑞恩：总共十天。

爱阅公益：能跟我们分享一下你的经历吗？

瑞恩：那是 2006 年 8 月，在怀俄明州的红沙漠地区，我们共骑了八天马。我们在圆锥形帐篷里露宿，在马背上被"坏心肠的蜜蜂"围攻，在河里洗澡，每天骑马六到八小时。在我们国家的那片土地上，头顶的天空远比脚下的土地广阔。对我来说，身处这样宽广的空间里，既令人不安又令人心安。

夜幕降临，星星慢慢显露出来，一颗接着一颗。银河以涂抹的方式出现，跨越斑驳的天空。那是一种平静和安宁的感觉。但与此同时，我又感到渺小和无助。我希望把这样的感觉传递给读者。

爱阅公益：有些作者只是写和自己生活相近的事情，但我感觉你并不是这样的。你的很多作品需要做大量的研究和准备才能完成，这些事物并不是你一开始就熟悉的，这本书就是一个例子。写这些主题会很有挑战性吗？你会担心传递的内容不够准确吗？

瑞恩：我只希望尽我所能做到最好。我需要尊重我书写的世界，所以我会注意和相关的人沟通，向他们咨询，我应该如何以尊重的方式走进和表达他们的文化。我觉得我并不担心，我更多的是感到好奇和充满兴趣。我会通过日记和照片尽可能捕捉写作所需的素材。

爱阅公益：在这本书的部分章节，故事是从马的视角展开的。你是如何避免把动物拟人化的？

瑞恩：我在做研究的时候，对马的群居意识，特别是在群体中领头母马的作用非常感兴趣。我希望书里能够展现这一点，但不确定应该如何实现。从马的视角写作是我尝试的一种方式，后来发现还挺成功的。

如果我可以赋予马以人的情感，这本书写起来就容易多了！但对于动物的世界来说，这并不真实。马的情感和人的情感是不一样的，我希望能够正确地表现马的情感。所以我很努力地描绘马的反应，不过我还是留了一点儿创作的空间。

三十五岁，义无反顾地开始追寻写作梦

与她的交谈就像种下了一颗不断生根发芽的种子，
我无法停止关于自己写故事的念头。

爱阅公益：你说过你是在一个大家庭里长大的，舅舅、舅妈、爷爷、奶奶等家庭成员都住在附近。在大家庭长大对你日后的写作有什么影响吗？

瑞恩：我觉得最重要的是，我在 20 世纪 50 年代末期长大，那时候孩子有很多时间可以自己去漫无边际地思考、玩乐和创造自己的世界。

我是三姐妹里最大的，也是我妈妈这边二十三个孙子孙女中最年长的，我还是同一街区的孩子里年龄最大的，所以我经常是主导游戏的那个人。七岁之后，我才慢慢学习了如何阅读，但在那之前，我早已在自家的后院里编排故事。我是仁慈的女王、野餐火车的列车长、家庭中的母亲、救死扶伤的医生、化险为夷的女英雄……我既是编剧又是导演。虽然那时候我并没有意识到，但我已经在学习故事和情节的要素了。

爱阅公益：听说你是到五年级搬家之后，才变成了一个"书虫"。能跟我们说一说这个故事吗？如果没有搬家，你还会成为作家吗？

瑞恩：我不知道。在我之前的学校，别说学校图书馆了，连班级图书角都没有。我不知道如果我们没有搬家，会发生什么。

五年级的时候，我们家搬到了城市的另一边，我变成学校和街区里的那个"新孩子"，适应起来十分困难。我在家附近找到了一个小图书馆，去那里看书是我应对无法融入新环境的方式。

爱阅公益：当时有哪些书让你印象深刻？

瑞恩：那是一个非常小的图书馆。他们的预算应该不多，所以那里的书都很旧。不过我几乎读了每一本书。他们有很多关于马的书，还有一套关于苏·巴顿的书，书很旧，大概出版于20世纪30年代。

我还读了《金银岛》《爱丽丝漫游奇境》等经典，因为图书馆有这些书。现在回过头来看，我当时的选择可能也比较平庸和单调，但那时候我并不知道，因为我只是个孩子。

爱阅公益：你是到了多少岁才开始选择写作这条道路的？

瑞恩：大概是我三十五岁的时候。

爱阅公益：在那之前你都做了些什么，能跟我们分享一下吗？

瑞恩：在初中的时候，我成为校报的编辑。早在高中的时候，我就知道我想做跟图书有关的工作。但是作为一个来自"蓝领家庭"的孩子，我也知道不论选择什么职业，它都需要提供稳定的收入。我想教书或者在图书馆工作都能亲近书籍，这可能是我职业选择的答案。

我在圣地亚哥州立大学读书，然后成为一名双语教师。结婚生子后，我大部分时间在家里带孩子，但依然无法停止梦想有一天能够拥有一份更接近书和文学的职业。后来，我又去读了高等教育的研究生，希望最终有一天能够在大学里教授儿童文学。

爱阅公益：是你研究生项目的教授激发了你对成为作家的渴望，是吗？

瑞恩：是的，在我的研究生项目快要结束时，项目主任让我在一节课后留下来。她问我是否考虑过专职写作。我以为她的意思是学术上的写作，所以我说，我不确定自己是否对为学术期刊写作感兴趣。然后教授说："不，我的意思是，你有没有想过自己写书？"

后来，我发现，她这么问我的原因是，每次我交上去的作业都会在系里传阅，他们特别喜欢我的写作方式和我写的奇闻逸事。

与她的交谈就像种下了一颗不断生根发芽的种子，我无法停止关于自己写故事的念头。我像是着了魔。在那之后不久，我便开始写自己的图画书。

爱阅公益：你好像一开始收到了很多拒绝信。

瑞恩：是的，前三四年，我积累的只有拒绝。我们知道，那是一个所有东西都需要邮寄的年代，干什么事都要好多时间。最终，我找到了一个文学经纪人，在她的帮助下，我的作品才得以发表。

爱阅公益：你觉得为什么你的稿子都被拒绝了？

瑞恩：我想原因很多。我相信那些早期的稿子也不是那么好，它们需要做修改。有些出版社的编辑寄来明信片说，我的稿子不符合他们的需求。有时候，一些编辑会耐心地告诉我："如果你继续写，我们有兴趣再继续了解。"他们还告诉我需要做哪些工作。另外也有一些出版社根本就不接受外来的稿件。

爱阅公益：被拒绝了这么多次，你有没有觉得选错了路，或者想放弃？

瑞恩：这当然很让人失望，但我找到了一些跟这个领域保持联系的方式。比如我加入了儿童图书作家和插画家协会，并参加他们的会议。我还有一个朋友是书商，她参加卖书的会议时就会叫上我。这些活动让我保持着对这个领域的兴趣。

爱阅公益：你的文学经纪人是怎么帮助你出版的？

瑞恩：我已经跟我的经纪人合作二十五年了。文学经纪人和编辑们建立关系。编辑是购买书稿的人，他们也很多元，有不同的喜好。有的编辑喜欢安静的故事，有的喜欢科幻小说。熟悉不同编辑的经纪人看了我的稿子后，就可以告诉我，哪个编辑可能会喜欢。

爱阅公益：编辑对你作品的帮助大吗？

瑞恩：我跟学乐出版社的编辑特蕾西·麦克合作了二十三年。她非常厉害，特别有洞察力。当她提出意见时，并不代表我必须接受，但我一定会非常仔细地考虑她给出的方向，因为她经常是对的。

爱阅公益：以《回声》为例，你记得特蕾西给你的一些具体意见吗？

瑞恩：我想一想啊。我想到了一个她让我修改的地方。我原本的计划里，弗里德里希的爸爸会死去。有一天，特蕾西给我打电话说："我觉得这太难以承受了，如果让他爸爸活下来，会更有意义。"有时候，她会像普通读者那样，投入情感地阅读我的稿子。

带着对社会正义的关注写作

我们都知道，生活并不公平。但在我写书的时候，我可以让生活变得稍微公平一点儿。

爱阅公益： 我之前了解到你几乎每年都参加写作营。在这些写作营里，你都做些什么？

瑞恩： 这些年来，我常参加一个朋友组织的诗歌营。这个诗歌营一般有十五位左右的女士参加，她们都是成熟的作家。我的朋友还会邀请一位有名的诗人作为活动的嘉宾。周四晚上到周日，大家在宾夕法尼亚州的一个度假小屋里一起写诗。

不过，在我第一次参加之前，我曾一直不愿意加入。有好多年，我的朋友不断邀请我参加，但我总是拒绝，因为我并不写诗。有一天，我实在感到沮丧，打电话给我的朋友说，我对这个活动感到好奇，但是我不写诗。她说，不管你写不写诗，学到的东西都会影响你的写作。她说得没错。参加诗歌营最棒的地方是它让我的大脑以一种不同于平常的方式工作。它让我摆脱了对词语、句子和段落的惯性思维方式。

还有一个写作营，我有时候也会参加，他们邀请剧作家、表演艺术家等当嘉宾。不论他们用何种方式使用语言，都会让我停下来思考。让头脑以另一种方式工作，总让我觉得很有启发。

爱阅公益：《追梦的孩子》就特别有诗意，你在里面也写了诗。你是在写这本书之前参加的诗歌营吗？诗歌营对你写这本书有帮助吗？

瑞恩：是的，是在写这本书之前。我觉得对写《追梦的孩子》有帮助。

爱阅公益：我觉得你的书都很有人文关怀。你关心社会正义、个人成长、从困境中崛起、对梦想的追寻等等。这是你希望通过作品传递给孩子的吗？

瑞恩：我很关心社会正义方面的问题。我们都知道，生活并不公平。但在我写书的时候，我可以让生活变得稍微公平一点儿。或者我可以让人物知道什么才是更公平的，或者我可以给人物战胜逆境的工具。我想这些是我希望做到的。

爱阅公益：你的书里还有很多坚强的女性主角。这是有意识的选择吗？

瑞恩：某种程度上是的。《风中玫瑰》里的艾丝佩芮拉、《玛丽安歌唱时》里的玛丽安、《阿梅莉亚和埃莉诺去飞行》里的阿梅莉亚·埃尔哈特和安娜·埃莉诺·罗斯福，她们都是有相似精神内核的人。她们在各自的时代面对困境都做出了抗争。这样的故事很吸引我。

从个人层面来说，我来自一个以女性为中心的家族，墨西哥的祖母是一家之长。《风中玫瑰》就是根据我祖母从墨西哥移民美国的经历写成的。可能我作品里不断出现女性的坚韧，以及与社会正义相关的主题，都跟家族历史有关。

爱阅公益：《风中玫瑰》可以说是你最受欢迎的一本书吗？

瑞恩：这很难衡量，因为《风中玫瑰》已经出版二十年了，而《回声》才出版了五年。但我想《风中玫瑰》一定是被广泛阅读的，特别是在美国，因为它被纳入了标准课程。几乎每个孩子都有可能在学校里读到这本书，或者发现这本书是阅读选择中的一本。

爱阅公益：你觉得《风中玫瑰》为什么会成为这么重要的作品？

瑞恩：我觉得里面讲述的移民故事是很多人都会有共鸣的，不论他们是从墨西哥还是从其他地方移民到美国的。在我收到的关于《风中玫瑰》的信件中，最动人的一些来自成人。比如他们会告诉我："这是我父亲的故事，不过他来自印度。"也有读者说在书里找到了太多熟悉的场景，但是实际地点是不一样的。我想，因为移民的历史深植于美国，很多人都拥抱了这个故事。

爱阅公益：你常说你希望"让读者不断翻页"，在阅读你的作品时，我深有感触。能跟我们多分享一些这方面的思考吗？

瑞恩：我会去想，当我自己是读者的时候，如果一本书的内容停滞不前，进展缓慢，我会是什么感受呢？对年轻的读者来说，我希望能让他们对书产生很强烈的兴趣。对我来说，最大的褒奖是学生写给我这样的信："我的老师让我不要提前阅读，但我还是读了。"另外一个对我来说特别大的褒奖是："这是第一本我看完了的书。"

我非常希望我的书能激发这种极大的兴趣。同时，我还希望我的读者在阅读过后有一种满足感。

我也不知道我是怎么做到的。但我知道，如果我在写作的时候没有任何惊喜，读者也不会有任何惊喜。

爱阅公益：你在创作的时候，有清晰的目标年龄吗？

瑞恩：有意思的是，我发现自己为五年级到九年级（十到十四岁）的孩子写作，而我这么大的时候，也正是书籍对我的影响最大。

不过，阅读我作品的人往往不局限在这个年龄段。我的书经常被成人读书会使用。你要知道，报纸的最低阅读年龄大概是七年级。所以我想，我的受众是谁，也取决于出版社在哪里进行宣传，以及谁发现了我的书。

爱阅公益：在疫情期间，你有什么想对孩子们说的吗？

瑞恩：对所有人来说，我们都正在经历一个艰难的时期，适应一种新的常态。一切都是困难和具有挑战性的，每个人都会经历情绪低落、感到沮丧的时刻。我想我会说："你并不孤单，事情会得到控制，你比你想象的更强大。"

采访时间：2020 年 8 月 25 日

伊曼纽尔·波朗科

给孩子的第一本书也要有审美取向

伊曼纽尔·波朗科

寻找童书的真生命

  在阅读入选2019年度"爱阅童书100"书目的作品时，一本叫《夜晚动物在哪里》的图画书给我留下了深刻的印象。这是一本安静的书，哪怕是在最嘈杂的环境中阅读，也能一下子被带入夜晚的安宁之中。这又是一本并不那么安静的书，它向我们描绘的，是当夜色已深，人们以为万物归于平静之时，天地之间那些窸窸窣窣的声响，那些并未睡去的动物的活动。

  剪影式的画面与富有诗意的文字共同创造出令人沉醉的景象。让我们一起感受：

  迷人的森林中，鹿总是两两结伴而行。一头深情嘶鸣，一头默默凝视，身边有萤火虫在翩翩起舞。

  一座红漆塔，两个捕鱼人，一群银鱼，两只螳螂，加一抹苍白的月光。

湖面上布满斑驳的暗影，驼鹿在月光下哀鸣。回声悠扬，是来自远方的回应，水中的倒影随之颤动不停。

《夜晚动物在哪里》的作者和绘者是伊曼纽尔·波朗科，他是秘鲁和法国混血儿，现居瑞典。波朗科的名气不算特别大，目前仅有两本图画书被引进中国，另外一部也与动物有关，叫作《黑白大卡·雪地上的动物》。从两部作品中，都能看出波朗科对艺术性和审美的追求。

如书名所示，《黑白大卡·雪地上的动物》（以下简称《雪地上的动物》）是黑白大卡，也就是为新生婴儿进行视觉练习的卡片。波朗科把这些卡片看作是给孩子的第一份礼物，它们不仅仅承担了视觉训练的功能，也应该有审美的高度。用黑与白，波朗科创作出一个个生动细腻的动物形象。

除了图画书，波朗科的其他作品呈现出多样的面貌。受父母影响，波朗科从小浸润在艺术的世界里，深受达达主义和超现实主义的影响。在波朗科的绘画和拼贴作品里，他尝试像他最欣赏的画家马克斯·恩斯特和勒内·马格里特那样，以超现实的手法构建图像的实验，通过质疑现实，激发新的观点。

波朗科的另一个身份是插画师，主要和杂志、报纸等媒体合作。这是他谋生的手段，他也很喜欢这份工作，并对此充满感激。波朗科在插画中惯用高饱和度的大色块和超乎寻常的画面形象，这种诠释文字稿件的方式极具冲击力。

在不同的创作领域中，我们看到了波朗科作品的不同面貌。但不论是作为图画书创作者的波朗科，还是作为艺术家、插画师的波朗科，都在用不同的方式探索艺术的可能性。

《夜晚动物在哪里》，充满诗意的语言、游荡的思绪

文字不只是一段描述，而是突出了画面背后的故事。

爱阅公益：之前联系你的时候，你说几乎从不接受采访，为什么？

波朗科：一般来说，我收到的问题大多是关于我对作品的构想和灵感，但没有多少与作品内容和本质有关的问题。如果我愿意接受采访，那是因为采访我的人做了一些关于我的作品的功课。这也是为什么我正在回答你的问题。

爱阅公益：你的图画书《夜晚动物在哪里》入选2019年度"爱阅童书100"书目。你为什么会想到创作一本关于夜晚里的动物的书？

波朗科：首先，特别感谢你们选择这本书，这对我来说意义重大。希望儿童和家长能在阅读这本书时，共享一段美好的时光。我非常高兴这本书能够被纳入书单中。

《夜晚动物在哪里》背后的故事很简单，就是我和我的编辑希望再做一本关于动物的书。我的第一本童书《雪地上的动物》是关于白色背景中的白色，我们希望做一本与之相反的书：关于黑色背景

中的黑色。这就是"夜晚中的动物"这个点子的来源。

爱阅公益：书里的每一个跨页以不同的场景为背景，展现了不同的动物们在夜晚的活动。你是如何构想每一个场景的？

波朗科：我想达到这样的效果：一个场景在城镇，一个场景在乡村，一个场景在森林里，一个场景在湖边……就像你睡觉时四处游荡的思绪。这是我构想这些跨页的方式。

爱阅公益：有一些场景看上去像是在日本。

波朗科：你说得没错，我被日本吸引，特别是景观方面，我想是因为日本动漫经常在法国的频道播放吧。

爱阅公益：这本书的绘画给人剪影的感觉。这是你希望创造的效果吗？

波朗科：你这么说很有意思，因为我非常喜欢剪影，也很喜欢剪纸。读这本书你会产生这种感觉，是因为在夜晚的时候，事物和光影之间会产生强烈的对比，形状也变得更加突出。

在一个月圆无云的夜晚，在深蓝色的天空下，你会看到一棵树的黑色剪影，但你不会看到太多的细节，比如树的不同颜色等等，给人的感觉就像一个剪影剧场。我喜欢这个点子，这就是我想要创造的效果。

爱阅公益：我特别喜欢这本书富有诗意的语言，它一下子让人进入到安宁的状态。能跟我们聊一聊文字部分的创作吗？

波朗科：你说有诗意是完全正确的。这些画面就像一首诗，或者一张快照。文字不只是一段描述，而是突出了画面背后的故事。我先用文字写下我希望表达的内容，然后和编辑一起，再在语言上进行更多的扩展。但从整体上来说，我喜欢的感觉是简单而轻盈的，类似日本的俳句。语言和文字应该有诗意的感觉，而不只是直接地描述画面里发生的事情，这很重要。

爱阅公益：我之前了解到你很喜欢文学。

波朗科：是的，文学对我来说很重要，特别是南美文学。我喜欢加西亚·马尔克斯、博尔赫斯等等。对我这样的图像创作者来说，文字是非常有力量的。文字给我灵感，并让图像出现在我的脑海中。我所希望的，正是把脑海中的图像创作出来。

爱阅公益：你是先画图还是先写文字？抑或同时进行？

波朗科：这很难说。有的时候我先有图像在脑海中，有的时候我先在纸上写下些什么，然后数个星期后，发现那些文字在我的脑海中有了画面。

爱阅公益：创作《夜晚动物在哪里》的时候，你把它看作是一本睡前读物吗？

波朗科：没有，我没这么想。但是我知道有的家长会在睡前给孩子读这本书。不过我在创作的时候，并没有这个想法。

《雪地上的动物》，有艺术感的黑白大卡

我希望创作那些儿时的我会喜欢的书。

爱阅公益：《雪地上的动物》是你的第一本童书，为什么会开始为孩子创作？

波朗科：我希望创作那些儿时的我会喜欢的书，我想要和儿童分享美丽的图画和故事。最重要的是，分享我对图画的喜爱。

爱阅公益：创作图画书和单幅的插画时，你的思考和创作过程有什么区别？

波朗科：一本图画书是用一组相关联的图画讲述一个故事，我需要考虑到节奏和故事的讲述。单幅的插画就很不同了，它更多的是一幅画面里思想和形象的结合。所以，创作过程是完全不同的。

爱阅公益：这些黑白的卡片是为新生婴儿创作的吧？

波朗科：是的，是为新生婴儿创作的。这是一本可以学习如何数数和认识不同形状的书。

爱阅公益：为什么会想到创作这样一本书呢？

波朗科：我希望为低龄的儿童创作一本漂亮的、有艺术感的书。这或许会是他们的第一本书，希望因为书的艺术性，家长会一直留

存。在孩子长大后，他们会想起自己的第一本书并不仅仅教他们如何数数，还是有审美取向的。

爱阅公益：你创作的黑白大卡画面十分细腻。正如你说的，很有艺术感。

波朗科：没错，这就是这本书的意义——描绘动物的形态，在黑白之间的空间里探索，锻炼孩子们的眼睛。我画的动物跟孩子们看到的可能有一些不同，但我想，孩子们仍然能够通过画面里的这些动物来锻炼自己的眼睛。

爱阅公益：你似乎挺喜欢画动物的？

波朗科：动物对我来说很神秘。人类和动物之间有一种神奇的关系，有的时候我们与它们很亲近，有的时候又那么遥远。当动物看着你的时候，你的心里会产生一些情绪，你会好奇地想：动物也会有同样的感受吗？这个问题永远得不到解答。

我想孩子们普遍都对动物非常感兴趣。很多为孩子们创作的书也都和动物有关。

成为一名艺术家

母亲看上去那么自由，我也想像她那样。

爱阅公益：你是秘鲁和法国混血儿。能跟我们说一说你的家庭和童年吗？

波朗科：我父亲在秘鲁的利马出生，我母亲是法国人。他们在秘鲁相识，后来我父亲也搬到了法国。我的成长过程跟大部分法国公民都差不多，还带有一些秘鲁和南美的影响。这意味着我有机会接触到另一种文化，其实很多法国孩子都是如此。

应该说我有一个快乐的童年，我的大部分记忆都与画画有关。暑假都是在法国南部度过的，地中海、阳光、蓝天，还有只在学期结束后的夏日才见面的朋友。对比之下，巴黎的生活有些无聊，有时候还很辛苦。不过我和亲戚们相处愉快，他们和我们住在同一个街区。因为我的父母都很喜欢艺术，从我很小的时候起，他们就经常带我去博物馆。

爱阅公益：你的母亲是艺术家，是受她的影响，你也成为一名艺术家吗？

波朗科：我母亲是画家，她毕业于巴黎艺术学院，然后开始了画家的职业生涯。

记得我小时候母亲是在家里画画，后来才开始在工作室里工作。母亲的工作让我也想成为一名艺术家，我沉迷于她使用的颜色、画刷和油彩的气味。母亲看上去那么自由，我也想像她那样。看母亲作画是一切的开始。

爱阅公益：小时候，父母经常跟你一起读书吗？

波朗科：我记得他们跟我一起读的大多是经典故事，比如格林兄弟、夏尔·佩罗、安徒生等人的童话故事。我成长的年代不像现在有那么多图画书，所以他们选择的是这些经典。

爱阅公益：小时候，你最喜欢的书有哪些？

波朗科：有一本书出现在了我的脑海中，这是一本关于古斯塔夫·多雷的作品的书。古斯塔夫·多雷是一位非常伟大的艺术家，他的版画作品十分出色。他为拉封丹的寓言故事画过插画，还写了一些跟艺术有关的书。

我的父母收藏了很多艺术方面的书籍，包括讲述文艺复兴的，讲述迭戈·委拉斯开兹和戈雅的，讲述印象派油画的。我被书中的图片深深吸引，沉浸其中。然后我开始临摹那些图片。

爱阅公益：小时候喜欢读的书，对你现在创作的书籍有影响吗？

波朗科：有影响。我觉得小时候的经历会对未来产生影响。我不知道具体有多少影响，也不知道到底哪部分影响了我的创作，但我觉得童年对艺术家的影响是普遍的，不论是作家还是画家。

爱阅公益：听说你的伯父也是一名艺术家，他还在中国待过一段时间？

波朗科：是的，他是我父亲的弟弟，叫卡洛斯·恩里克·波朗科，在秘鲁，甚至整个南美洲都非常有名。

父亲移居法国几年后，伯父得到了利马国家高等美术学院提供的旅行奖学金，他决定去中国了解更多中国传统的艺术。这是20世纪80年代的事。伯父从中国回来后，来巴黎探望我们，跟我们讲了很多他在中国的事。那时候，我因阑尾炎住院，伯父送给我一本带有精美插画的《西游记》。前些年搬家来瑞典的时候，我发现这本书竟然还在。

爱阅公益：在你的艺术作品中，能够看到很多超现实主义和达达主义的影响。这些流派对于你来说，最有吸引力的地方是什么？

波朗科：对我影响比较大的是马克斯·恩斯特和勒内·马格里特。我非常喜欢恩斯特的拼贴，他同时也是很棒的画家。我喜欢这些画家的原因是，他们把想象作为图像实验和讲述故事的领域，他们质疑现实，带来新的观点。这些都非常有意思，给人启发。

爱阅公益：我之前看到你说不太喜欢谈论自己的艺术作品背后的意义，为什么呢？我是不是应该避免问这方面的问题？

波朗科：因为谈论起我的艺术时，我感到十分愚笨。后来，我发现很多艺术家都是这样的，所以我也只能接受了。另外，我是一个非常害羞的人。不过没关系，你可以问，我喜欢你的问题。

爱阅公益：一般来说，促使你创作一幅艺术作品的元素是什么？情绪？想法？或是其他？

波朗科：有时候只是因为美，我是一个喜欢沉思的人。有时候，风景能带给我很多感受，我希望去表现这些感受，以及通过绘画的方式重现所看到的风景；有时候，我会萌生一些点子和想法，并希望用画面去展现。

创作图像很大程度上是分享你的视野和感受。这是一种语言，你希望别人能够理解。有的时候我会质疑现实这个概念。什么是现实？作为一个艺术家，我的工作和科学家有什么不一样吗？我们都在探寻什么是现实。

爱阅公益：你有两个网站，一个是关于你个人的艺术作品的，另外一个是关于你合作的商业性插画的。两个网站上的作品风格非常不一样。可以理解为它们展现了你创作的两个维度吗？

波朗科：是的，这两个网站一个展示我的商业作品，另外一个是更加艺术的呈现。不过也不能说这就是两个不同的我，只是对浏览网站的人来说，这样更加清晰。我的艺术作品以拼贴和绘画为主，商业作品主要跟出版等领域合作。

爱阅公益：你现在住在瑞典，是什么时候搬过去的？

波朗科：是 2015 年，我三十七岁的时候。

爱阅公益：为什么会移居瑞典呢？

波朗科的商业插画

波朗科：从十几岁开始，我就一直想在法国以外的国家生活。但由于学习和其他原因，一直无法如愿。有一天我遇到了我的伴侣，她是瑞典人，并不住在法国。我们只得谈"远距离恋爱"，有时候她到法国看我，有时候我到瑞典看她。

我们希望能住在一起，一开始是她到法国生活了一年，后来我们决定一起搬到瑞典。认识女友后，在不断地到瑞典与她相聚的过程中，我也爱上了这个国家。所以对我来说，移居瑞典是一件很自然的事情。我在其他国家居住的梦想也因此成真了。我必须说，在欧洲各国之间迁居是非常简单的事，对此我心怀感激。

带着好奇画插画

客户不只想要一张漂亮的画，
还想要一个巧妙的点子和有意思的构图。

爱阅公益：你为很多杂志和报纸绘制插画。一般你是如何跟他们合作的？

波朗科：一般是他们联系我或者我的经纪人，委托我完成某项工作。比如说，一个杂志的艺术总监可能联系我，咨询我是否有档期为他们画一幅插画。如果我有档期，他们就会发给我文本、摘要和一些想法（也可能只有文本和摘要）。确定稿酬后，我就开始绘制草图。艺术总监会从多幅草图里选择一幅，然后我继续完成最终的作品。

整个过程非常直接，我很喜欢。

爱阅公益：这是你现在主要的工作吗？

波朗科：是的。

爱阅公益：画一幅插画需要多长时间？应该画得很快吧？

波朗科：这取决于客户给我多长时间。一般我可以一天画一幅。不过有些时候，客户可能对我的作品并不满意，我还需要返工，这又需要几天的时间。一般出版社和报纸给我的创作时间是非常短的。

爱阅公益：对于你来说，把文字的内容变成视觉画面的过程是什么样的？

波朗科：如果是为社论文章配图，我会尝试把不同的观点整合到一起。这有点儿像完成一幅拼图。

客户不只想要一张漂亮的画，还想要一个巧妙的点子和有意思的构图。所以秘诀是要画很多不同点子的草图，哪怕它们看上去有些幼稚。从这些草图里总会找到点儿什么，然后再继续改进我的尝试，直到找到那个完美的点子。这时候，我才可以开始创作最终的画面，而不是在此之前。

波朗科的商业插画

爱阅公益：你一般从哪里找到灵感？

波朗科：灵感的来源有多种途径，可能是文字，可能是看到的形状，可能是某一天我随手的乱涂乱画，也可能是我的阅读。

灵感就像一个随性的访客，想来的时候就来，并不随着你自己的意愿。

爱阅公益：你会找不到灵感吗？那时候怎么办？

波朗科：会的，经常发生。这种时候处理起来挺麻烦的，因为我要在很短的时间内完成工作。一般我会试图寻找没有灵感的原因，然后从源头入手。一般这个方法都能够解决问题。

爱阅公益：你画插画的时候有什么主要的理念和原则吗？

波朗科：主要的原则是要先找到方向，不要一开始就关注细节。

爱阅公益：在你的插画中，我看到了很多平面设计的影响。

波朗科：没错！这是因为我接受过平面设计和构图的教育。我很大程度上受到平面设计里的构成主义的影响，当然，也受到了波兰海报学派的影响。

爱阅公益：你似乎很喜欢用高饱和度和高对比度的颜色，尤其喜欢用红色的背景。为什么？

波朗科：你说得没错。红色是我最喜欢的颜色，所以我用得很多。我喜欢在作品里使用高对比度的颜色，是为了让画面更有冲击力。

爱阅公益：也能激起更强烈的情绪？

波朗科：是的，这也是一种解释。

爱阅公益：你在颜色的使用上很"克制"，一般只用很少的颜色。

波朗科：这要看情况了，不过一般我喜欢在画面中只使用几种颜色。对色彩的限制我是从文艺复兴的大师们那里学习到的。他们那时候没有我们现在这么多的颜料可以使用，所以达·芬奇等画家作画的时候，只使用三四种颜色。不过，如果创作的点子需要我用到更多的颜色，我也会用。最重要的是和谐地使用，这是非常难的！

爱阅公益：你在插画中也喜欢使用拼贴。这种技法为什么吸引你？

波朗科：是的，那是因为我喜欢马克斯·恩斯特和他的拼贴作品。他的作品给我和很多艺术家带来了巨大的启发。

爱阅公益：有没有什么内容是你不愿意画的？

波朗科：我对所有题材都很开放，但是我不会做任何违背我的道德准则的事情。比如我不会跟烟草和石油公司合作。

爱阅公益：对于你来说，典型的一天是怎么样的？

波朗科：我的一天从户外散步开始。我住在乡村，离水很近，四周森林环绕，风景非常迷人。然后我会回复邮件，以及完成其他事务性的工作。这部分工作做完后，我就开始画画了。当我女朋友回家时，我便知道是时候停止工作了。接下来，我会和女朋友谈论我们一天的工作和生活。

爱阅公益：关于插画师这份工作，你最喜欢它的哪些方面？

波朗科：我喜欢这份工作给我的自由。我正巧有机会做着我喜欢的事，如果你有这样的机会，一定要抓住。我还很喜欢每天都在学习新东西的感觉，插画师的工作让我对所有事情都很好奇。或许明天我需要为某一个领域画插画，要把工作做好，我必须对这个领域有一定的了解。这让人感到振奋，并永葆好奇之心。

爱阅公益：你现在也还在创作新的图画书吗？

波朗科：是的，一本关于从天上看到的景象，另外一本关于全世界不同的地方。不过都还没完成，商业方面的工作占用了我很多时间。

采访时间：2020 年 12 月

图书在版编目（CIP）数据

寻找童书的真生命：世界童书创作者访谈录．3 / 王欣婷著．-- 南宁：接力出版社，2025.6． -- ISBN 978-7-5448-9162-2

Ⅰ．K815.6

中国国家版本馆CIP数据核字第2025E2X816号

寻找童书的真生命——世界童书创作者访谈录3
XUNZHAO TONGSHU DE ZHEN SHENGMING——SHIJIE TONGSHU CHUANGZUOZHE FANGTANLU 3

责任编辑：李雅宁　　文字编辑：魏翀　　美术编辑：王雪
责任校对：高雅　　责任监印：刘宝琪
出版人：白冰　雷鸣
出版发行：接力出版社　　社址：广西南宁市园湖南路9号　　邮编：530022
电话：010-65546561（发行部）　　传真：010-65545210（发行部）
网址：http://www.jielibj.com　　电子邮箱：jieli@jielibook.com
经销：新华书店　　印制：北京利丰雅高长城印刷有限公司
开本：710毫米×1000毫米　1/16　　印张：21.5　　字数：248千字
版次：2025年6月第1版　　印次：2025年6月第1次印刷
定价：98.00元

版权所有　侵权必究

质量服务承诺：如发现缺页、错页、倒装等印装质量问题，可直接联系本社调换。
服务电话：010-65545440